Ocean Museums of China

中国海洋博物馆

齐继光 纪丽真 主编

文稿编撰 林华英 王雨飞 凡康城
图片统筹 姜佳君

中国海洋大学出版社
·青岛·

编创团队

编委会

主　　任：王　建　青岛市科学技术协会党组书记、主席

　　　　　秦云鹏　青岛市科学技术协会党组成员、副主席

副 主 任：齐继光　青岛海洋科技馆馆长

　　　　　王云忠　青岛海洋科技馆书记

　　　　　刘文菁　中国海洋大学出版社书记、社长

　　　　　纪丽真　中国海洋大学出版社副总编辑

　　　　　刘大磊　青岛海洋科技馆副馆长

委　　员：徐永成　王　沛　郭嘉瑱

编辑委员会

主　　任：刘文菁

副 主 任：纪丽真

成　　员：郭嘉瑱　曲益静　高　岩　王　萌　于红梅　李　杰

　　　　　孙　爽　韩　涵　李学伦　李建筑　魏建功　徐永成

　　　　　姜佳君　赵孟欣　张跃飞　王　晓　孙玉苗

前言
preface

　　海洋孕育了人类文明的种子，影响着区域经济发展和国家兴衰，支撑着全球气候稳定和人类福祉。党的二十大报告提出："发展海洋经济，保护海洋生态环境，加快建设海洋强国。"进入新时代，强化全民海洋意识，进一步关心海洋、认识海洋、经略海洋，才能为我国的海洋强国建设提供源源动力。

　　习近平指出："博物馆是保护和传承人类文明的重要殿堂，是连接过去、现在、未来的桥梁，在促进世界文明交流互鉴方面具有特殊作用。"海洋博物馆作为文明的承载形式之一，是展示中国海洋文明的重要方式。这里的海洋博物馆是一个广义的概念，具体是指涉海博物馆，包括海洋渔业、海盐业、海上丝绸之路、航海、海战、海军、海洋生物等主题的博物馆。本书选取了15座具有代表性的中国海洋博物馆，对其展厅和展品特色进行介绍，通过文物和历史的双重展示，帮助读者了解中国海洋博物馆及其承载的海洋文明，增强海洋意识。

　　相比于罗列枚举式地盘点博物馆展厅、展品的书，本书绝非一本单纯的海洋博物馆"导览指南"，而是以科学知识与人文精神并举为原则，着重于挖掘各海洋博物馆的特色馆藏和蕴含其中的海洋文化。15座海洋博物馆各具特色：中国船政文化博物馆、中国甲午战争博物院、中国海关博物馆以中国近代以来的船政、海事发展为重点，讲述中国近代海洋事业的探索之路、自强之路；中国人民解放军海军博物馆以中国海军的历史、装备为主线，生动地再现人民海军的成长历程；中国海盐博物馆、中国航海博物馆、海上丝绸之路博物馆（蓬莱古船博物馆）以海盐、航海技术和船只的历史发展为主线，讲述中国的海洋探索历程；中国（海南）南海博物馆、泉州海外交通史博物馆、广东海上丝绸之路博物馆、广州海事博物馆、中国港口博物馆展现了博物馆所在的沿海城市向海而生、因海而兴的发展历程，回顾古代中国海上贸易如何影响当地的经济、文化，地方区域的繁盛如何写就中国海上贸易的辉煌；青岛贝壳博物馆、青岛海产博物馆以生物标本和海洋科学知识传播为主，尽显海洋的深邃与奥妙，又令人感悟海洋学者为海洋科普事业的无私奉献；2019年正式对外开放的国家海洋博物馆包罗海洋自然与人文万象，以蓬勃的面貌进入中国海洋博物馆的行列。

在人类文明进程的新阶段，"海洋""海权"事关国家强盛。我们希望本书能够给读者带来身临其境的阅读感受，让读者通过精美图文畅游海洋博物馆。我们更希望本书能够启迪读者，让更多的读者自发地走进海洋博物馆，与文物、标本对话，借由博物馆这座"桥梁"，抵达过往历史的彼岸，感受千百年来中国海洋文明的兴衰历程，持续发扬勇于探索、崇尚和谐的精神，发挥海纳百川的开放性与兼容并蓄的亲和力。期待青少年读者将来踊跃投身中国海洋事业，向海洋进军！

编者

2022年10月

目 录
contents

① 国家海洋博物馆

国家海洋博物馆

天津，处于九河下梢、三会海口之处，毗邻中国首都北京，具备优越的地理条件和区位优势。2019年，国家海洋博物馆在这座历史悠久的城市面向公众开放。国家海洋博物馆是由自然资源部和天津市人民政府共建共管的博物馆，集收藏、展示、教育、研究于一体，承担着讲述中国海洋文明、弘扬中国海洋价值观的重任，有"海洋故宫"的美称。它的建立，让中国有了与其"海洋大国"地位相匹配的国家级博物馆，为中国的海洋事业立下了一座文化纪念碑。

这座位于天津滨海新区的"海洋故宫"，总建筑面积达8万平方米。建筑主体为3层，局部为4层，从大型的滨海公园延伸向海湾，连接陆地与水域。主体建筑由四翼

国家海洋博物馆

探寻生命起源
EXPLORING THE ORIGIN OF LIFE

生命? 米勒实验?

生命起源于火星?

OCEAN
远古海洋 ANCIENT

OCEAN
ANCIENT

原始海洋 10%

地球海洋由来
THE ORIGIN OF EARTH'S

组成，造型独特。从空中俯瞰，它像一只手掌，像一只海星，又像腾跃入海的鱼群，引人无限遐想，又无不暗含着海洋的内涵与魅力——孕育生命、兼容并包。馆内的陈列内容围绕着"海洋与人类"主题展开，设置"海洋人文""海洋自然""海洋生态"三大板块，共 15 个展厅。

海洋与生命

海洋，约占地球表面积的 71%，是"生命的摇篮"。海洋的绚丽多彩、深邃幽暗吸引着满怀好奇的人们，然而人们从不满足于海洋表面的神秘，而更想了解它的"前世今生"。

"远古海洋"展厅以时间为脉络，以地质年代为区块，分为"洪荒海洋——前寒武纪海洋""生命海洋——古生代海洋""龙海沧桑——中生代海洋""新生海洋——新生代海洋" 4 个部分，是目前国内展品最全、面积最大的远古海洋专题展厅，将参观者引向 46 亿年前地球诞生之际。通过化石标本和文字展板等的展览与介绍，参观者能感受到 46 亿年以来地球的沧海桑田和生命演化历史的波澜壮阔。想必很多人曾发出这样的疑问："我们从何而来？生命是什么？它们是如何诞生的？"在该展厅，参观者能寻得关于生命之源的线索。

46 亿年前的地球是一个巨大的火球，温度可与如今的太阳比肩。很快，地表冷却形成岩层，水蒸气从地下喷出形成云和雨。连绵不断的雨水冲刷岩层，在低洼处汇聚，形成了原始的海洋。远古海洋环境类似于现在的陆地热泉或海底"黑烟囱"的环境，而发现于陆地热泉中的古老微生物暗示着生命起源可能的环境特征。震惊科学界的"米勒实验"试图模拟原始地球环境，利用无机物合成生命的重要组分之一——氨基酸。这些发现都将生命的来处指向海洋，对海洋的探寻也就是对生命起源和发展的探寻。澄江生物化石群的发现触发了人们对寒武纪生命大爆发的认识。在"远古海洋"展厅中，澄江生物化石再现了5.2亿年前海洋动物世界的壮观。从海绵、水母，到腕足类、节肢类，寒武纪海洋动物的肢体甚至触角等微细分支清楚可见。从距今6500万年开始，双壳类、腹足类、鱼类、哺乳类等取代海洋爬行动物的优势地位。展厅中展出了一块巨大的牡蛎礁化石，它是由牡蛎壳一层层堆积而成的。精美绚丽的鹦鹉螺化石、形状多样的菊石化石，无不冲击着参观者对于远古海洋的认知与想象。板块在不断运动，地球海洋的变化一刻未停止，海洋与生命的演替始终在进行着，现代海洋世界亟待我们去探索。

海洋的出现让生命得以勃发。在地球的历史中，不少称霸一时的生物淹没于时间洪流之中，留给人们无限的想象空间。"龙的时代"展厅聚焦于恐龙这一生物类群，通过展示距今6500万至2.5亿年的中生代爬行动物，如鱼龙、翼龙、霸王龙的化石，带领参观者走入地球上那个被大型爬行动物所主宰的时代，感受来自史前生命的强大气息。

一进展厅门，便能看到一组长达11米的鱼龙化石，这是目前国内最大的鱼龙化石。鱼龙是一种似鱼又似海豚的大型海洋爬行动物。在恐龙统治地球陆地的数百万

鱼龙化石

年中，鱼龙因其凶猛、巨大的特点而被称为"海洋顶级掠食者"。爬行动物的诞生可追溯到泥盆纪的肉鳍鱼类，肉质的鳍和可呼吸空气的肺为它们从海洋迁至陆地提供了有利的条件。通过海洋爬行动物、两栖动物和陆地爬行动物化石的对比，参观者可在此就运动、捕食、繁殖等方面比较史前不同生物类型的特征，了解生物结构与生存环境相适应的规律以及生物演化的方向。在中央展台上有3组化石模型，中间最高大的是霸王龙，两侧分别是与鱼龙合称恐龙时代"海上三霸王"的蛇颈龙、沧龙。它们露出尖牙利齿，令人不寒而栗。热河生物群展柜展出了1.3亿年前的中生代场景：陆地上芳草丛生，一些恐龙长着类似于现代鸟类的羽毛。天山哈密翼龙模型张开双翼，令参观者为之惊叹。化石证据显示，恐龙并未完全"灭绝"——它们的一支类群演化为现代鸟类，翱翔于今日地球上空，俯瞰着广阔海洋。

海洋与生命一同演化，相互影响，创造了精彩纷呈的传奇故事。"今日海洋"展厅位于博物馆的三层，该展厅多样的海洋生物、强大的海洋力量展示于参观者面前。展厅由"本底海洋""生命海洋""海洋环境与可持续发展"三大部分组成，主要展示了

中央展台上的化石模型

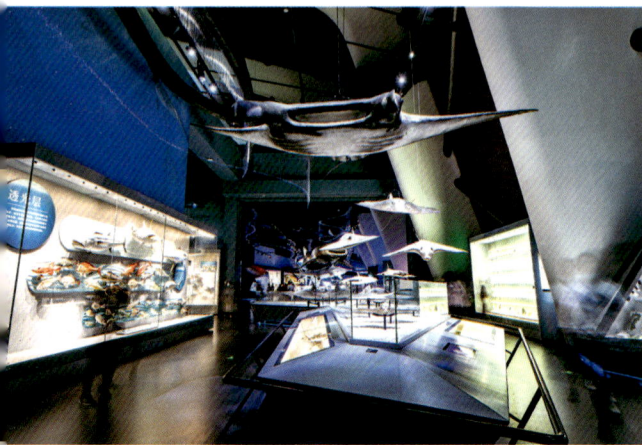

"今日海洋"展厅一角

现代海洋中缤纷多彩的鱼类及海生鸟类的标本。自海面上空而下的光线穿越层层海水，逐渐变暗。在透光层，鱼群活跃，鱼以中小体形为主；光线微弱的弱光层也包含着丰富的鱼类资源；1000米以深的无光区，低温、低氧、黑暗，甚至食物短缺，但这里却是活跃着大量生物的"生命绿洲"。鱼类展柜陈列着生活于不同水层的典型鱼类标本，姿态生动，颇具生命的动感。不止于此，展厅内标本的精美令人叹为观止。这里有长达9.4米的鲸鲨标本、长七八米的白鲸标本、罕见的孕期双髻鲨标本、"海底滑翔机"——蝠鲼标本、体长达8.3米的大王乌贼标本，以及一套完整的中国海域无脊椎动物标本。在这些标本中，有一件白真鲨标本弥足珍贵：其腹中存留两条小真鲨，真实地展现了鲨类的繁殖特点。

在海洋生物世界中，憨态可掬的海狮、海豹、企鹅等自然也不能缺席。这里展出的虽是标本，但其细节之逼真、姿态之灵动，让参观者宛如置身于生机勃勃的极地世界。浩瀚无垠的海洋跃动着生命的活力与多姿，这里孕育着无数可爱的海洋精灵，蕴藏着不可思议的自然奥秘。然而，由于人类活动的频繁，海洋生物的生活环境遭到破坏，生存压力骤然增加。"今日海洋"展厅不仅呈现给参观者海洋生命的绚丽多彩，也暗示着其危机四伏的未来。海洋这一生命的乐园，需要我们共同守护。

大陆最初实为一体，在板块运动的驱动下发生漂移，被海洋分隔，其上的生物也因此演化出各自的特性，并保留着一些共性。"发现之旅"展厅以演化驱动物种形成为科学依据，以人类的航海大发现为故事基础，通过文字、图片等资料和模型场景复原等手段，将人类对海洋的探索之旅和生命的演化历史有机结合成一段段传奇故事。1831年，达尔文受英国皇家海军之邀，以驻船博物学家的身份参加"小猎犬"号的环球科考。在随后的5年中，达尔文随"小猎犬"号考察了南美洲大陆海岸及科隆群岛（加拉帕戈斯群岛）等地。环球航行的发现为他的《物种起源》一书提供了素材与原动力，成就了超越时代的进化论学说。英国探险家马修·弗林德斯于1803年完成环澳大利亚航行，证实了"南方大陆"的存在。1911年12月14日和1912年1月17日，挪威的阿蒙森与英国的斯科特率领的探险队先后到达南极点。一次次航海探索开拓了当时人类的视野。穿越重洋，他们看到了地球上各类自然景观和无数生灵。

企鹅标本

海洋与文明

在历史长河中，中华民族与海洋结下了不解之缘，催生了悠久灿烂的中华海洋文明。国家海洋博物馆致力于传承和弘扬中华优秀海洋文化，馆中的"中华海洋文明"主题展览按照时间顺序分为3个篇章。

第一篇章通过"向海而生""陆海融汇""海疆经略""海上丝绸之路的繁荣""郑和下西洋"5个单元，向参观者展示了源远流长的中华海洋文明。

早在石器时代，生活在海滨及岛屿上的先民就已经开始从海洋中获取生活必需的物质，海洋促进了生产生活方式的形成与进步。在沿海、内陆湖滨等临水区域陆续发现的贝丘遗址，都指示着先民有食用贝类的生活习性。展厅中展示了出土于辽宁大连贝丘遗址的多种生产生活器物，包括石球、石斧、角锥、玉环、玉斧等；还展示了江苏连云港锦屏山上的将军崖岩画，其上刻有人面、兽面、农作物、星象及符

贝币

号等内容。由此可见，中国滨海部落居民对农业生活、祭祀活动、天文天象等早有记录与研究。随着滨海部落的扩大，人们对海洋物产资源及海路交通交流的需求不断增加，于是开始利用浮木渡水，诞生了最早的水上交通工具——独木舟。交通的便利促进了贸易活动，传统的物物交换已不能满足生产生活的需求，人们急需寻找用以交换的中介物，于是一些不易获得而具有较高价值的贝壳成为最原始的货币。展柜中展示了精美的先秦时期贝币。海贝色彩鲜艳，纹路清晰，其上有一圆孔可穿绳，便于携带。

后来，人们对海洋的认识不断加深，航海与造船技术也取得进步。海运的兴盛让不同文明的种子随船播至神州大地，丰富了兼容并包的中华海洋文明。根据汉代航海图，中国的海上航线在那一时期远至印度洋。来自孔望山的摩崖造像拓片，正是东汉末年佛教文化自海上传入中国的历史见证。此后，东亚各国的遣唐使远渡重洋到中国学习汉文化，中国也派出僧侣到海外弘扬佛法，各国跨越地理的距离，实现了文化的百花齐放。人类长期开发海洋的过程，体现了自身开拓冒险、勇敢拼搏的精神。不论是远扬国威的郑和船队还是内

"中华海洋文明"主题展览一角　　　　　南极科考场景

涵丰富的中国渔文化，都是先民跳出"一亩三分地"、向海进军的历史见证。

　　明代中期，欧洲船队通过新航路抵达中国东南沿海，试图在中国建立殖民地。16世纪初，葡萄牙船队在中国广东、福建、浙江等地开展走私贸易，并以澳门作为贸易据点。此后，荷兰殖民者趁明末国力衰退之际侵占宝岛台湾。19世纪，以英国为首的海洋强国先后向中国发动了两次鸦片战争，中国被迫割让岛屿、开放通商口岸。力挽海权、保卫国土、救亡图存，成了国人迫切的愿望，也成就了不少可歌可泣的史诗：为抗击倭寇，明代洪武年水军战船和沿海守卫部队装备先进的鹰扬卫大炮筒；抗倭英雄戚继光一腔报国情刻于登舍身台诗碑之中；民族英雄郑成功带着破釜沉舟之志收复台湾……在第二篇章，展柜中的林则徐奏折（复制件）令人赞叹其虎门销烟的智识，清代大沽海口营盘全图（复制

件）再现当时大沽炮台规划布局的整齐有序，《海国图志》诉尽中西方差异和中国人开眼看世界的愿景，《北洋水师章程》《海防新章、新海防事例、郑工事例》和北洋政府海军总长刘冠雄所获勋章无不警醒着后人"无海军则无海"。

　　迎着新中国成立、改革开放的新浪潮，中华海洋文明正谱写着全新的光辉篇章。第三篇章展示了中国建设海洋强国的历程和伟大成就。出五洋、下深海、破雪冰……正如展区中两件分外醒目的展品——衣襟绣着中国国旗的第30次南极考察服装和涂抹着中国红的"雪龙2"号极地考察船模型所展现的，中国在如今的海洋探索中正焕发着活力。

　　国家海洋博物馆并非传统的展览、科普性质的海洋博物馆，这里还有各式各样寓教于乐的海洋体验项目。"筑梦极地"展厅

不仅展示了极地生命的多样性和生存智慧，而且设置了科考基地展区，采用步入式场景体验形式让参观者如临现场，了解极地科考活动与成果。"海洋灾难"体验厅营造沉浸式的体验感，将海洋强大而无情的一面展现于参观者面前，让参观者在醉心于海洋浪漫之时仍对海洋保有敬畏之心，探寻与自然的相处之道。

国家海洋博物馆细细淘沥自然与人文中的海洋精粹，在海洋的潮起潮落间窥见生命的足迹和绚丽的海洋文明。在此，海洋的浪漫缱绻与波澜壮阔穿越古老的地层和朦胧的海雾涌至参观者面前。千百年来，人类始终没有停止探索海洋的脚步，现代的航海技术发展迅速，一个个未知的海洋之谜被破解，然而，海洋的广阔仍待人们去探索。世界因海洋而联结，因探索而紧密。新时代的中国在世界海洋经济与文化交流中定会不断地展现自身强大的影响力。

国家海洋博物馆

❷

中国船政文化博物馆

中国船政文化博物馆

　　1866 年，时任闽浙总督的左宗棠在福州马尾创办了福建船政局，自此揭开了近代中国探索自强之道、复兴之路的序幕。在历史的弹指一挥间，中国船政史写就了半部中国近代史，可以说船政文化对中国的近代发展具有重要意义。中国船政文化博物馆就坐落于福建船政局的诞生地、被誉为"中国近代海军的摇篮"的福州马尾。

　　作为船政记忆的承载体，中国船政文化博物馆筹建于 1997 年，原名为中国近代海军博物馆，2004 年更名为中国船政文化博物馆。最初的中国船政文化博物馆位于马尾马限山东麓，与马江海战烈士墓为邻。

中国船政文化博物馆（旧馆）

中国船政文化博物馆（新馆）

该馆依山而建，但空间有限。后来，中国船政文化博物馆迁至船政文化城，于2022年1月对外开放。新馆总面积达4450平方米，接近原馆舍总面积的两倍。同时，新馆引入了新技术手段、新展示内容，结合福州传统的漆画工艺，填补了原馆舍在功能上和内容上的不足，给参观者多维度的体验。

中国船政文化博物馆新馆是在原马尾造船股份有限公司综合仓库的主体上进行修建改造而成的。其外墙采用常用的造船材料——耐候钢板，大门入口则以船政绘事院的"拱券门"为主要元素进行设计，颇具船政特色。新馆的选址也极具深意。其位于"船政天后宫—总理船政事务衙门—造船厂片区—闽江"这一船政文化主轴线上，而这条主轴线自福建船政学堂创建之初便定型，沿袭至今，承载着厚重的船政历史和文化。中国船政文化博物馆这座红色建筑如同一艘鸣笛起航的巨轮，带着薪火般的艳丽色彩，在闽江边闪耀着历史的庄严与温情。

中国船政文化博物馆以"爱国、科学、创新、图强"的船政精神为展示核心，从千年变局、船政诞生、船政教育、船政制造、船政海军、船政文化等6个方面介绍中国船政的历史和文化，全面展示船政对中国社会近代化的积极影响。中国船政文化博物馆设有"自强之道——船政历史文化陈列""闽都瑰宝——船政文化揽胜"两个基本陈列。

讲述历史：自强之道的探索

中国船政文化博物馆以历史的推进为主线，为参观者讲述了船政的发展沿革，将百年船政的风雨飘摇与荣辱兴衰向参观者娓娓道来。

一走进序厅，映入眼帘的便是一组古铜色的主题浮雕。浮雕巧妙结合了诸多船政要素和海洋元素，中间是以福建船政局制造的第一艘轮船"万年清"号为原型的船体浮雕，浮雕前矗立着6位神采奕奕、正气凛然的大人物。中间两位着顶戴的人物

"自强之道——船政历史文化陈列"序厅

主题浮雕

是福建船政学堂的创始人左宗棠和沈葆桢，站立在他们两侧的是福建船政学堂的杰出学生代表——"中国铁路之父"詹天佑、民族英雄邓世昌、启蒙思想家严复和海军宿将萨镇冰。他们目视远方，眼中满是对光明未来的期待和信念。

"自强之道——船政历史文化陈列"主要通过史实文字及图片，辅以文物等资料，将中国船政史融合中国近代史展现在参观者面前。西方列强从海上炮击，使得近代中国陷入动荡。"千年变局"展区为参观者讲述了中国船政的创办背景，呈现了那个动荡年代的真实面貌。近代中国两次经历鸦片战争，面临着前所未有的海疆危机。以林则徐为代表的有识之士倡导"睁眼看世界"，提出"师敌之长技以制敌"等自强主张。魏源、冯桂芬、梁廷枏、徐继畬是近代历史上开始思考中国如何自强的代表性人物。

在严峻的海防危机之下，1866年6月25日，时任闽浙总督的左宗棠向清廷递交了第一份关于在马尾创办船政的奏折，此为"船政诞生"的序章。在"船政诞生"展区，可见当时《拟购机器雇洋匠试造轮船先陈大概情形折》的复制件。这份奏折不仅标志着中国船政事业的开启，而且被

誉为 19 世纪中国人的"海权论"。细读奏折中的陈情利害文字，犹见左宗棠的真知灼见、远见卓识与拳拳爱国心、赤赤报国情。左宗棠先从权、利两方面解释为何需要自制轮船与培养水师，"欲防海之害而收其利，非整理水师不可；欲整理水师，非设局监造轮船不可"。同时，左宗棠对中国自行设厂制造蒸汽军舰的难题进行鞭辟入里的剖析，结合自身多年的谋划，旁征博引，对船政工作的开展进行充分的可行性论证。在后世人看来，这份奏折是中国船政精神的开端与彰显。福建船政局初创期便设立了求是堂艺局（即后来的福建船政学堂），左宗棠为自己寻得了一位优秀的接班人——沈葆桢。沈葆桢为政干练，提出"船政根本在于学堂"。在其实心实力的管理下，福建船政学堂不断发展前行，取得了许多足以载入史册的辉煌成绩。左宗棠与沈葆桢也被合称为"中国船政的创始人"。

左宗棠与沈葆桢极其重视船政教育。在"船政教育"展区可见船政创建初期的教育规划与建设情况。该展区通过大量雕像等复原场景、教具、学生修读过程中的文件材料等展示福建船政学堂教育的规范化和专业化。福建船政学堂专门设立了新式教

《航海学》课本

育机构开展工程技术和海军军官教育，开创了中国职业教育的先河。"船政教育"分区里展示了福建船政学堂当年的课程表，外文、算数、几何、微积分、物理等专业基础课和蒸汽机制造与操作、舰体制造等专业课满满当当。通过文物，我们仍能看到那一代觉醒的中国人力图跟上世界科学与海军发展脚步所做出的努力。

为了保证工业生产的有序、高效运行，福建船政学堂于 1868 年开办了一所名为"艺圃"的学校。艺圃采取半工半读的教育模式，专门培育专业技术工人，被认为开创了"中国职业教育的新纪元"。在现在的一些院校，仍能寻得当年教育模式的传承。

在一面玻璃装框的大墙上挂满了修业证书和毕业证书，证书上记录着学生姓名、籍贯，甚至家中父亲、祖父等人的名字。展区陈列着算盘、地球仪、显微镜等教具。福建船政学堂在当时开风气之先，既引入了西方教育模式，又立足于中国的教育制度。这样一个引进来又改造过的船政办学体制，在中国大地上培养了一大批经世济用、堪当大任的行业先锋，其中包括人们耳熟能详的邓世昌、刘步蟾、詹天佑、严复、陈季同等军事、科技、思想、外交人才。

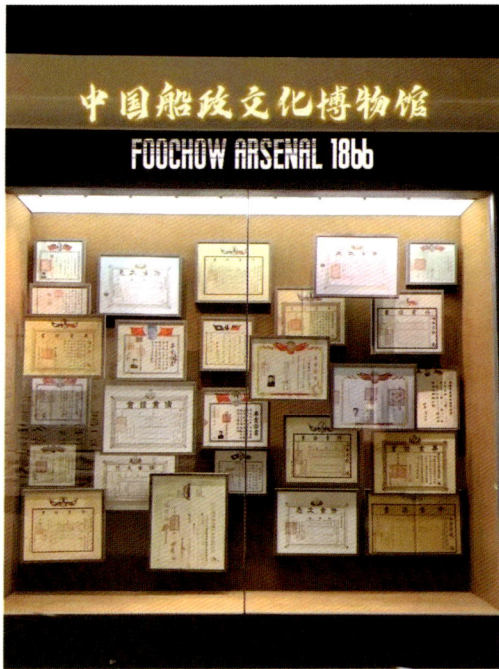

证书展示墙

"船政制造"是该馆的主要展区，生动再现了船政建造的辉煌。通过学习、引进欧洲工业技术，福建船政建成了大规模的造船基地，掌握了蒸汽舰船、蒸汽机的设计建造能力，成为中国近代造船工业的先驱。

在展馆的二层展出了海军飞机制造处制造的飞机和舰艇的模型，安放着中国船政文化博物馆的"镇馆之宝"之一——船政车床。这台珍贵的车床长365厘米，高132厘米，宽65厘米，至今已有150多年的历史，是国家一级文物，具有珍贵的历史价值。通过车床上的铭牌"福建船政同治拾年"字样，后人可知这台车床诞生于船政发展历史中的辉煌时代，那时的福建船政造船水平远超日本，是东亚最大的造船基地。据考，这台车床的前身为刨床，可能参与了中国第一台国产大型蒸汽机的零部件制造。这台车床流落多处，几经改造，最终于1997年在福建省古田县杉洋镇的一家农具厂被历史研究人员发现，并运回博物馆作为展品。被发现时，这台车床仍可运行，农具厂还用它进行木棍加工。这台车床是历史的生动讲述者，它讲述着150多年前中国造船技术之高，讲述着中国船政文化的百年历史风云。

船政车床

船政车床上的铭牌

展区中的另一件文物也堪称"镇馆之宝"——"通济"舰舵轮。它是铜铁木合构舰船舵轮。作为国家一级文物,它是船政时期建造的舰船舵轮中为数不多的展出品之一。据考,该舵轮建造于1894年。当时

"通济"舰舵轮

船政舰队在中法马江海战中遭遇重创,为补充舰船数量,福建船政建造兵船"建靖"号。"建靖"号后被北洋水师购买作为练习船并更名为"通济"。"通济"舰是当时海军最新、最重要的练习舰,而馆中所展出的"通济"舰舵轮承载着中国近代海军军官培养的记忆,是中国探索海军自强和工业自强的有力见证。

船政育人,编练舰队,培养了一批批近代中国海军人才。在"船政海军"展区,孙中山雕像旁边的碑上刻有"船政足为海军根基"的字样。1912年孙中山先生途经福州,到马尾参观福建船政局,见其建制之完善,发出这样的赞誉。船政舰队主要承担了闽台的海防,兼顾全国沿海防务,不仅初步实现了中国海上武装力量的近代

化，也为近代中国海军的建设积累了大量的宝贵经验。通过展区的文字资料介绍和场景复原，参观者可以回望中国近代海军的发展历程。中法马江海战中，船政舰队不敌法国船舰，然而广大船政将士誓死护卫国土，谱写了"马江热血"的史话。中国近代海军虽然发展坎坷，但始终不渝地捍卫海权，在中华民族向海图强的史诗中写就了浓墨重彩的篇章。

孙中山雕像

历史记于史册，一件件珍贵的文物流光溢彩。中国船政文化博物馆讲述着中华民族向海图强的历史，将中华民族自强不息的精神展现于经过精心设计的展厅之中。

传递文化：船政精神的延续

自 1866 年左宗棠创办福建船政局以后，船政就与闽江密不可分，在历史的推进中逐渐积淀了特有的闽江船政文化。中国船政文化博物馆除了对有关船政历史的陈列做了精雕细琢之外，还在第三层展厅新增了"闽都瑰宝——船政文化揽胜"展区。该展区首次系统梳理了船政的文化内涵与精神内核，用直观的形式公之于众。船政文化是近代中国的海军、海洋文化，集中体现了"爱国、科学、创新、图强"的精神文化特质，蕴含着船政教育和工业文化的发展、船政对社会的影响、船政文化与中国海洋文化的关联等丰富内容。

在这里，参观者可通过展品畅想闽江马尾地区的繁盛。馆中展示了英国女诗人西塞莉·福克斯·史密斯所写的诗歌《途经古老的罗星塔》。诗人用轻快动人的笔触绘写散发着东方茶香的运茶帆船从港口出发驶向英国的情景："途经古老的罗星塔，驶过十五艘帆船，桅杆林立，歌声悠扬……满载着中国茶的芬芳，只为沁香泰晤士河畔；满载着中国茶的芬芳，在罗星塔下流连忘返……"再转身便是当代澳大利亚画家李查·林顿所绘的油画《在闽江上》。画作中各国帆船停泊于罗星塔下，人们紧张有序地在帆船和码头间传递货物，再现了百年前那个桅杆林立、人声鼎沸、中外运茶帆船往来不绝的海上贸易场景，展现了独特的马尾海洋文化。

罗星塔是马尾的地标性建筑，也是古往今来商贾文人追寻的财富和文学航标。在"闽都瑰宝——船政文化揽胜"展区，参观者可从历史和文化的全新维度认识罗星塔。罗星塔始建于宋代，原为一座木塔。到了明代，木制罗星塔不敌海风，一度衰败。彼时福州外贸兴起，急需港口标识，因此人们就在宋代塔座基础上重修石制宝塔。数百年来，罗星塔屹立不倒，成为重要的航海标识、闽江门户标识，也被外国商人亲切地称为"中国塔"。除此之外，罗星塔还有一个特殊的身份——"文峰塔"。在古人的认知中，罗星塔正对天上的文曲星。明代的福州文人筹资重修罗星塔，也有祈求地方人才辈出之意。罗星塔不仅是船政历史和闽江海上贸易的见证，还是海丝文化与闽江本土文化的载体，延续着在新时代扬帆起航的马尾精神。

福建船政局对闽江地区社会经济的发展具有重要且直接的促进作用。长乐莲柄港水利工程是当地重要的工程项目，如建成，将让当地脱离常年多旱灾的困境。自北宋时期始建，长乐莲柄港水利工程虽经过历朝历代人的修建，但均未建成。1927年，福建船政局设立海军长乐莲柄港溉田局，在经费拮据的情况下支持长乐莲柄港

罗星塔

水利工程的建设，引闽江水灌溉长乐滨海农田，造福一方百姓，使他们受惠至今。

船政文化也深深影响着现代国人，崇尚科学、改革创新的精神在国人的文化基因之中铭刻。在这片土地上，中华儿女始终保持向海图强的拼劲和不屈奋战的精神，而这正是船政文化的宝贵精神财富。

中国船政文化博物馆作为一座以船政文化为主题的博物馆，承载着中国近代的船政发展历史，其中既有令人振奋鼓舞的光辉成就，也有令人黯然难言的屈辱时刻。中国自强之路并非一帆风顺，而是充满困难艰辛。船政历史留予后人的是如何自强自立、如何富国富民的思考与责任担当，而船政文化与精神是我们前行的指明灯和动力。当梦想在新时代扬帆起航时，过往的辉煌不该被遗忘。迎着新时代的春风，这段历史如星星之火激励着我们以史为鉴、向海图强！

③

中国甲午战争博物院

刘公岛

中国甲午战争博物院

1888年，北洋水师在威海卫正式成立。这是清政府建立的4支近代水师中实力最强、规模最大的一支，号称"东亚第一"。1894年，日本发动了侵略中国的甲午战争，这场战争以中国惨败，被迫与日本签订《马关条约》告终。但北洋水师的广大将士在强敌面前毫不畏惧、浴血杀敌，虽败犹荣。他们的英勇事迹永载史册，为后世敬仰。

中国甲午战争博物院于1985年3月开馆，是以北洋水师和甲午战争为主题的纪念遗址类博物馆，位于北洋水师的诞生地——山东威海刘公岛，依托刘公岛甲午战争纪念地的重要遗迹建立。建立之初，馆址设在北洋水师提督署。

中国甲午战争博物院

铭记：北洋水师及甲午战争历史遗迹

中国甲午战争博物院负责管理和保护甲午战争纪念地已开放的 28 处北洋水师和甲午战争历史遗迹。其中，刘公岛 17 处，日岛 1 处，威海湾南岸 8 处，威海湾北岸 2 处，保护单位占地面积约 20 万平方米。开放景点有北洋水师提督署、龙王庙与戏楼、丁汝昌寓所、北洋海军将士纪念馆、威海水师学堂、东泓炮台、公所后炮台、旗顶山炮台等等，占地面积 10 多万平方米。

北洋水师提督署

北洋水师提督署亦名水师衙门、海军公所，是晚清北洋水师的军事指挥中心，是中国目前保存最为完整的一座清代海军衙署。北洋水师提督署为清式砖木举架结构，整个建筑群雄伟壮观，占地 1.7 万平方米，沿中轴线分为三进院落，三进院落的中厅分别为议事厅、礼仪厅、祭祀厅。各厅厢院落廊庑相接，雕梁画栋，结构严整。院内东南角有演武厅，建筑风格中西合璧，屋宇高敞，空间宽阔，内有一座挑檐式舞台。北洋水师提督署展出"北洋海军与甲午战争"基本陈列，系统介绍了从北洋海军筹建、成军到甲午战争爆发的历史，再现了中国近代海防的兴衰史。

北洋水师提督署

龙王庙与戏楼

北洋水师提督署向西百米路北处，是颇具神话色彩的龙王庙。该庙是清代建筑，由正殿、东西两厢和倒厅组成，有房屋14间，连同对面戏楼，占地面积达1700平方米。正殿正中塑东海龙王像，左右分别侍立巡海夜叉与海龟丞相，内墙为展示《三国演义》《封神演义》情节的彩绘壁画。东厢内竖立着分别刻有"柔远安迩"和"治军爱民"的两块石碑，它们是刘公岛绅商于1890年分别为北洋水师提督丁汝昌与北洋护军统领张文宣所立的德政碑。西厢内供奉丁汝昌的灵牌。1895年丁汝昌殉国，其灵柩曾放在这里，岛上百姓常到这里祭祀，所以龙王庙又被人们称为丁公祠。北

龙王庙

洋水师将士出海前总要到庙中一祭，祈望平安顺利。可悲的是，他们的心愿没能实现。甲午海战中，曾是亚洲首屈一指的北洋水师全军覆没，在中国海战史上留下了一曲悲歌。

龙王庙的对面是戏楼。戏楼由戏台和后台两部分构成。戏台呈正方形，约34平方米。台口两侧石柱上刻有一副楹联，上联"龙袍乌纱帽如花石斑斓辉光照耀玉皇阁"，下联"奏响管弦声似波涛汹涌音韵传闻望海楼"，戏楼正中门额题"寰海镜清"。相传，甲午海战时，刘公岛上的商民曾集资请戏班在此演出，一来祭祀龙王，二来为水师官兵助威。

丁汝昌纪念馆

丁汝昌纪念馆是在丁汝昌寓所的基础上改建而成的。丁汝昌寓所又称小丁公府，是丁汝昌在刘公岛上的官宅。整个建筑群始建于1888年，为砖石结构，当时占地面积约7000平方米，由左、中、右三跨院落及前、后花园构成。北洋水师驻泊刘公岛后，丁汝昌携家眷在此居住长达6年之久。甲午战争后日军占领刘公岛，将寓所陈设洗劫一空。随后，英国强租威海卫，又将其辟为俱乐部，供英军将校使用。如今，中国甲午战争博物院在复原中院丁汝昌卧

威海水师学堂

威海水师学堂位于刘公岛西端，是清政府继福建船政学堂、天津水师学堂、广东水陆师学堂之后创办的第四所培训海军军官的学堂。北洋水师成军后，李鸿章奏请在刘公岛设立水师学堂，以便官兵就近兼习驾驶、鱼雷、枪炮等技术。该学堂于1889年动工，共建房屋近70间，占地面积近2万平方米。1890年6月3日，威海水师学堂建成并开始授课，学堂总办由丁汝昌兼任，下设委员、提调、总教习、洋文教习各1名，汉文教习2名，配有"敏捷""康济""威远""海镜"4条练船，开设有英文、几何、代数、驾驶和舰炮操法、轮机、天文、地理、泅水等30余门内堂和外场课目。该学堂地处北洋水师基地威海

丁汝昌铜像

室、客厅和书房的基础上，又布置了丁汝昌生平事迹展。前花园正中位置矗立着一尊丁汝昌铜像，东、西两端则各建有一座红柱飞檐的六棱形凉亭。

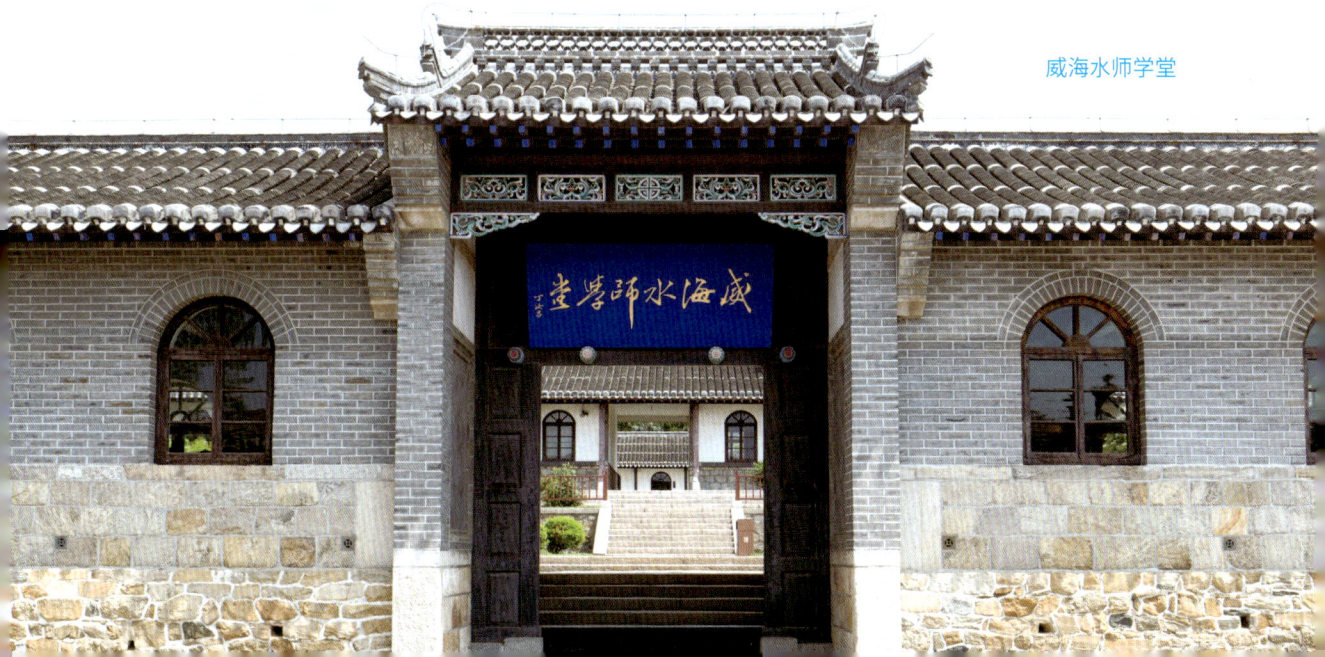

威海水师学堂

港内，海军设施均可作为学员实习之用，部分教员也由北洋水师的将领兼任，学员在学堂学习的同时可上船练习实际操作。

1894 年甲午战争爆发前夕，威海水师学堂第一届 30 名学生提前毕业，学堂随之停办。此后，学堂屡遭战火，损坏严重，现仅存照壁、小戏楼、马厩、东西辕门、堞墙、旗杆座等。这是中国目前唯一有迹可循的近代水师学堂。现在的威海水师学堂内复原展示了学生课堂、宿舍、枪械室等，而英租建筑保护区域内的营房等基本保留原貌。

黄岛炮台

黄岛本是个落潮时即可涉水而至的孤岛，坐落于刘公岛西端，与威海港北岸的北山咀隔海相望。1888 年北洋护军进驻刘公岛，在此填石筑路，修建炮台，设口径 240 毫米的平射炮 4 门、口径 60 毫米的行营炮 2 门、速射炮 3 门，与北帮炮台配合成交叉火力，封锁威海湾北口。此处建有黄岛炮台兵器馆。

公所后炮台

公所后炮台因位于北洋水师提督署后面而得名；又因西临麻井子船坞，故称麻井子炮台。该炮台建于 1889 年，设口径 240 毫米的地阱炮 2 门、口径 75 毫米的行营炮 6 门、速射炮 8 门。地阱炮炮位蛰伏地下，利用发炮后坐力产生的水压使炮身升降自如、施放灵活。北洋水师又依山势建兵舍 14 间。兵舍由赭红色花岗石筑成，具有欧洲建筑风格。炮手可通过坑道由兵舍直达炮位，坑道有通气孔和排水设施。该炮台炮位毁于甲午战火，兵舍却完好如初。现今已复原地阱炮位及一门大炮，基本呈现出地下兵营及弹药库的原状。

东泓炮台

东泓炮台是刘公岛最东端的炮台，规模也较大，设口径 240 毫米与 120 毫米的平射炮各 2 门、口径 75 毫米的行营炮 6 门、速射炮 4 门，火力可及刘公岛东部两海口。在甲午战争中，东泓炮台曾予日军以重创，却终被敌炮击毁。炮台前有依势掘崖构筑的兵舍 11 间，以及高约 4 米、宽 3.2 米的坑道。

北洋海军将士纪念馆

北洋海军将士纪念馆坐落于丁汝昌纪念馆西侧，于 1998 年 5 月拓建。馆内陈列展示了北洋水师爱国将士的遗物，并配以影像，生动地再现了当年广大爱国将士的风采。馆内饲养着百余只白鸽，定时放飞，以表达人们对永久和平的渴望。

北洋海军将士纪念馆中有一面北洋海

军将士名录墙。该名录墙于 1998 年 6 月建成，以纪念北洋水师的广大爱国将士。墙高 2.5 米，长 18.88 米。北洋海军将士凡有案可查者，都在墙上留名，包括中国将士、外国雇员以及其他员弁，计 600 多人。墙上还镌刻着致力于甲午战争史研究的戚其章教授题写的序记。墙左上端镶嵌着舰锚、舵轮石雕，寓意深刻。墙地基用淡红色花岗岩砌成，墙身由青花岗岩构筑，色调和谐，庄严肃穆。墙前面有一石台，石台中间设一献花台，两边各置长明灯一盏，以象征国魂常在、民族精神永存。

续写：中国甲午战争博物院陈列馆

2008 年，中国甲午战争博物院陈列馆（以下简称陈列馆）在刘公岛建成开馆。这座现代化综合性展馆的加入，使中国甲午战争博物院成为一座真正的现代化综合性博物馆。陈列馆占地面积 1 万多平方米，建筑面积 8800 平方米，是一处以建筑、雕塑、绘画、影视等艺术手段全面展示甲午战争悲壮历史的大型纪念馆。

中国甲午战争博物院陈列馆

陈列馆将象征北洋水师舰船的主体建筑与巍然矗立的北洋水师将领雕像融为一体。昂首屹立于 18 米高的船形基座上的水师将领手持望远镜，随风扬起的斗篷预示着一场风暴的来临。陈列馆内以"国殇·1894—1895 甲午战争史实展"为主体，分为序厅、甲午战前的中国和日本、甲午战争、深渊与抗争、尾厅 5 个部分，展出大量甲午战争时期武器装备、历史图片、巨幅油画和雕塑，再现北洋水师从成军到覆没的全过程。

甲午战前的中国和日本

进入陈列馆，迎面设置的是一个日晷，近代史中重要的历史事件按时间顺序一一罗列在日晷的醒目位置。日晷上部正中央刻着 1894 年。那一年，日本发动了蓄谋已久的侵略中国的甲午战争。为抵御外辱，中国军民前仆后继、浴血奋战，体现了不屈的民族气节和崇高的爱国主义精神。甲午战败，给中华民族造成了深重的灾难。此战改变了亚洲的传统战略格局，对世界的近代历史产生了深远的影响。

鸦片战争之后，西方列强依靠坚船利炮屡次入侵中国。晚清统治者认识到建设近代海防的重要性和紧迫性时，就通过创办洋务事业，向发达国家订购先进军舰，筹建近代海军，加强海防建设，增强海上防务能力。当时，清政府从德国购买先进的克虏伯大炮，派遣留学生到德国学习先进的炮术。1885 年，清政府为统一海军的指挥权，设立海军衙门。1888 年，中国海军宣告成立，在当时实力雄冠亚洲。作为"亚洲第一舰队"，北洋水师拥有远东一流的基地：天津的大沽、奉天（今辽宁）的旅顺、山东半岛的威海卫。三大基地形成三角防御体系，内卫京师，外御侵略。基地的建成标志着中国海防近代化进入一个新的阶段。当北洋水师发展到一定规模时，清政府却挪用海军经费修建颐和园，导致北洋水师在长达 6 年的时间里没有添

陈列馆中的日晷

陈列馆展示的北洋水师铁甲战舰模型

置一舰一炮。相比之下，中国的邻国日本经过1868年的明治维新，走上了对外扩张的军国主义道路，制定了"征服中国、称霸亚洲"的政策，并为此做了精心的策划和准备。

甲午战争

1894年8月1日，中日双方正式宣战，甲午战争全面爆发。1894年9月17日，中国和日本海军主力决战于黄海，双方各12艘战舰参战。激战5个多小时后，北洋水师4艘战舰沉没，日本海军5艘战舰遭重创。最后时刻，民族英雄邓世昌指挥"致远"舰怒撞日本"吉野"舰，壮烈殉国。后有痛悼邓世昌的挽联："此日漫挥天下泪，有公足壮海军威。"在陈列馆内声、光、电的渲染下，黄海海战复现在参观者的眼前。

黄海海战之后，日军兵分两路入侵中国：一路渡过鸭绿江，侵占九连城和丹东；另一路渡海从奉天花园口登陆，强占大连、旅顺。1894年11月，日本侵略者在旅顺制造了灭绝人性的屠杀事件，令世界为之震恐。西方媒体将日本侵略者形容为"披着文明皮而带有野蛮筋骨的怪兽"。当时的"亚洲第一军港"——旅顺口的陷落，让北洋水师直面日本海军的炮口。李鸿章则下令"以保船制敌为要"，于是20多艘舰船只能在威海卫港内被动挨打。1985年1月20日，日军开始在荣成龙须岛登陆，并于25日向威海卫发起围攻。2月3日，威海卫在日军的猛烈炮击下失守，此时的刘公岛成为一座孤岛，北洋水师陷入了日军海陆夹击之中。在多天激烈的战斗中，双方死伤

陈列馆利用声、光、电复原黄海海战场面

甚众，刘步蟾、丁汝昌、杨用霖先后拒降自杀。洋员浩威起草了投降书，伪托丁汝昌的名义派人送至日军。2月17日，日军占领刘公岛，威海卫陷落。

深渊与抗争

威海卫的陷落和北洋水师的全军覆没，极大地震动了清政府。此后，清政府妥协投降，最终导致了《马关条约》的签订。甲午战争的失败不仅使中国失去了所有的藩属国，而且本土也直接成为列强瓜分的对象。短短几年内，整个中国大地被瓜分得支离破碎，中国面临着空前危机。但是，战败的刺痛也使无数仁人志士为追求民族复兴和国家富强而在屈辱中奋起抗争，在苦难中不断探索，走上了救亡图存之路。

威海刘公岛自明代起即为防倭军事要塞；清末成立北洋水师，以此为海军驻泊的根本重地；甲午战争，这里又是威海卫战役的主战场；甲午战败，列强瓜分中国，这里被英国强租为殖民地。可以说，这里是近代中国"富国强兵"的逐梦之地，也是"天朝大国"沦为列强"盛宴"的梦碎之地，更是中华民族独立复兴意识的觉醒之地。坐落于此的中国甲午战争博物院时刻提醒着我们勿忘国耻，警钟长鸣！

中国海关博物馆

中国海关博物馆

海关是国家进出境监督管理机关，是国家主权的象征，捍卫着国家的利益。直属中华人民共和国海关总署的中国海关博物馆是国家级行业博物馆，位于北京市东城区，东接古观象台，西依海关总署机关大楼，北邻东长安街，南近柳罐胡同。博物馆主体建筑为古典园林式风格，具有海关文物收藏保护、海关文化展示交流、海关历史研究、爱国主义和海关职业素质教育等功能。

中国海关博物馆

中国海关博物馆于 2014 年 3 月 30 日正式面向社会开放。博物馆占地面积 2.1 万平方米，建筑面积 3.9 万平方米，其中展区使用面积 8600 平方米。踏进博物馆大门，映入眼帘的是正面墙上一个简洁的门形结构，上面镶嵌着中国海关关徽，它由金色钥匙和商神手杖交叉组成，金色钥匙象征海关为国把关，商神手杖代表国际贸易。博物馆的基本陈列包括二层的"千秋古关""近代海关"、一层的"现代海关"以及地下一层的临时展厅和专题展厅，"海关 902"艇在地下一层展出。博物馆拥有藏品 3.2 万余件，其中 4400 多件在展区展出，涵盖了从战国时期至当代各个历史时期的海关重要文物。

海关历史透视国运浮沉

中国海关博物馆作为海关在博物馆行业的代表，首要功能和职责就是向大众介绍海关行业的历史。中国设关历史悠久。早在西周时期，就出现了具有军事功能的"关"；春秋战国时期设立的边境检查机构"关津"具备了监管、缉私、征税等海关事权；唐至明代的"市舶司（使）"集海关、外贸、外事管理职能于一体；清代前期设置闽、粤、江、浙四海关，"海关"之名初定；鸦片战争后，中国海关主权丧失，沦为半殖民地海关；新中国成立后，海关主权重新回到祖国和人民手中。改革开放以来，海关为促进国家经济社会全面发展做出突出贡献。3000多年来，海关见证了国运的兴衰浮沉、民族的成败荣辱，一部海关史就是国家和中华民族发展历程的缩影。因此，经文博与海关史专家共同研究论证，2010年，中国海关博物馆基本陈列确定了"漫漫雄关道——海关历史文化展"的主题，按照"厚今不薄古"的原则，通过海关这扇窗口来看国家与民族的发展变迁，揭示"国盛则关兴，国弱则关衰"的历史规律。

千秋古关 （前11世纪—1840年）

"千秋古关"包括"关津市舶""开海设关"两个单元，展示西周至隋唐内陆关制，唐、宋、元、明四朝市舶管理体制，清代前中期闽、粤、江、浙沿海四省海关，以及广州"一口通商"等内容，陈列着中国古代的通关凭证及古代跨国贸易的商品，让参观者近距离接触海关行业历史。

早在西周时期，中国已出现军事关卡——关。关主要承担军事防卫职责，但已具备现代海关的基本事权。春秋战国时期，诸侯国在水陆要道设置关津，履行稽查行旅、征收税赋、查禁走私的职责。青铜铸造的鄂君启节（原件共5枚，分别藏于中国国家博物馆和安徽博物院），分舟节、车节两组，是战国中期楚怀王发给贵族鄂地封君启的于水陆两路运输货物的免税凭证，也是中国现存最早的通关凭证。

鄂君启节 （局部）

西汉至唐代，关津制度趋于完善。据考，"关"字瓦当为西汉函谷关门楼所用。函谷关初建于战国时期，为出入关中的门户，也是古代丝绸之路东起点的第一道关卡。

1984年，汉简《津关令》出土于湖北

"关"字瓦当

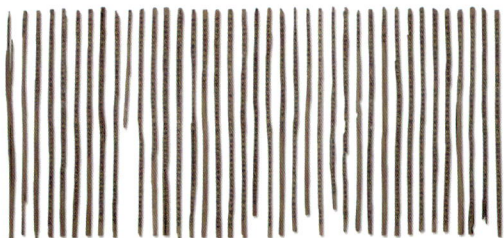

汉简《津关令》

汉简《津关令》局部

江陵张家山 247 号汉墓。《津关令》是《二年律令》中的一篇，于西汉吕后二年（前 186）颁行，反映了当时的关津在军事防御、控制人员往来、查验违禁物品、缉拿罪犯等方面所起的重要作用。汉简《津关令》是中国现存最早的比较系统地记载关津制度的文物，其上有"请阑出入塞之津关，黥为城旦舂"等文字。

唐、宋、元、明设置市舶司（使）。市舶机构集外贸、海关、外事职能于一体，履行进出境监督管理职能。明代后期在福建漳州设置月港督饷馆，对外贸易行政管理与经营管理分离，实物税改为货币税。1684—1686 年，清廷相继设立闽、粤、江、浙海关，承担管理外商来华贸易和相关对外事务、管理华商海上贸易、管理船政和渔政、接待朝贡使臣、管理朝贡贸易、缉私兼海防等职能，促进了中国经济的发展及其与世界经济的接轨。

至元《市舶则法》（原件藏于上海图书馆）于至元三十年（1293）颁布，原名《整治市舶司勾当》，又称《市舶抽分杂禁》，共 23 条。全文录于《元典章·户部·市舶》，为现存最早、最完整的市舶管理法则。

九江钞关是清代户部税关之一，设于明宣德四年（1429）。清乾隆四年（1739），朝廷派内务府员外郎任景德镇督陶官，

至元《市舶则法》书影

九江关青花瓷碗

监督九江关税务和景德镇窑务。中国海关博物馆藏品九江关青花瓷碗即为景德镇出产，其上绘有乾隆年间九江关的场景。

清乾隆四十一年（1776）编成《钦定户部则例》（原件藏于上海图书馆），并定制五年一修。其主要内容除规定户部职掌外，还设立户口、田赋、库藏、仓庾、漕运、盐法、参课、钱法、关税、廪禄、兵饷、蠲恤、杂支等门类，类似经济法规。其中，关税项下收录了闽、粤、江、浙海关税则。

近代海关（1840—1949 年）

"近代海关"展厅讲述了 1840—1949 年的中国海关，包括"关权旁落""百年洋关""关权抗争"3 个单元。馆内复原了江海关税务司（相当于现在的海关总署署长）办公室的场景，旁边的墙上展出了 5 任外籍总税务司的照片，照片的背后是这样的史实：1898 年，清政府为交付甲午战争失败后的对日赔款，以关税为抵押，向英、德两国银行借了大笔外债，同时被迫承诺 45

年之内不对海关制度做任何变更。1943 年，美国在华势力超过英国，"顺理成章"地夺取了中国海关总税务司的宝座。"百年洋关"时期，不仅海关行政管理权被洋人所掌控，海关建筑也是清一色的西洋式建筑。展厅的一面墙上展示着 7 幅洋关建筑画，其上所绘建筑多数保留至今。这些外表光鲜的建筑时刻提醒着参观者近代海关被洋人所把持的冰冷事实。

19 世纪中期，清政府被迫签订《南京条约》等不平等条约，中国逐步沦为半封建半殖民地社会，相继丧失关税自主权、海关行政管理权和海关税款收支保管权，中国近代海关成为洋人控制的半殖民地性质的海关。其中，1842 年中英《南京条约》（原件藏于中国第一历史档案馆）使得清政府被迫废除粤海关公行保商制度，准许英商与华商自由贸易；同时规定，清政府需与英国商定英商进出口货物缴纳的关税税

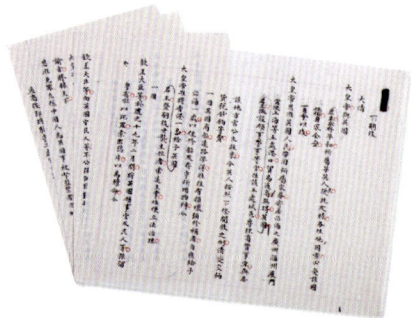

中英《南京条约》稿本

率。此不平等条约的签订标志着中国开始丧失关税自主权。

晚清时期，海关主权旁落，外籍总税务司和税务司把持了中国海关，不仅经办监管、征税、缉私、统计等海关自身业务，还办理海务港务、海港检疫、气象观测、商标注册、代购军舰、华工出洋、邮政、债赔等业务，筹办同文馆，组织参加世博会，并承揽"业余外交"，广泛插手中国内政外交，控制了清政府的经济命脉。海关沦为英国"对华关系的基石"，极力维护和发展西方列强在华利益。

1888年，津海关扩建办公楼竣工，直隶总督兼北洋大臣李鸿章应津海关税务司德璀琳之邀题写了"津海新关"匾。后来这块匾被历史埋藏，最终于20世纪80年代重见天日。

英国人赫德担任晚清海关总税务司期间，引进了英国海关管理模式，对近代中国海关实施了比较规范的管理，并受清政府委托创办了邮政、海务港务等业务。他所使用的邮袋是中国近代新式邮政发展、变迁的有力证据。这种邮袋的袋面、袋里各印有收寄信息，收寄方翻袋后即可反向投寄给对方。

大龙邮票是1878年由海关印刷发行的

"津海新关"匾

赫德使用过的邮袋

大龙邮票

中国历史上第一套邮票，标志着中国近代邮政的开端，被国际邮政局长协会列入73种"世界各国最早邮票"。

晚清、民国时期，中国政府和人民为收回海关主权做了长期不懈的斗争。民国时期，海关总税务司署曾先后设在上海、北京、重庆等地。1911年，总税务司安格联在外国驻京公使团的支持下，在辛亥革命混乱政局中夺取了海关关税税款保管权。巴黎和会与华盛顿会议上，中国代表团争取收回关税自主权，但均以失败告终。1928年，南京国民政府声明废除不平等条约，并颁布《海关进口税税则》(亦称《国定进口税则》)，收回部分关税自主权；次年进行"海关改制"，实行停招洋员、华洋人员职权与待遇平等；此后又相继收回海关税款保管权、关税违法处分管辖权、海港检疫权，收回部分海关航政权，但并未从根本上动摇海关外籍税务司制度。中国共产党领导的苏区税关、解放区海关在局部地区实现了关税自主，为建设新中国海关积累了经验。直到新中国成立，外籍税务司制度在中国大陆才完全消失。

现代海关（1949年至今）

"现代海关"展厅包括"开国建关""发展历程""通关监管""加贸保税""税收征管""查缉走私""海关统计""科技应用""海关法制""海关队伍""对外交流"11个单元，全面反映新中国海关的组织机构、队伍建设和业务建设，彰显新中国海关在促进对外经济贸易和科技文化交往、保障社会主义现代化建设、捍卫国家主权和利益中的地位与作用。

中华人民共和国成立后，海关主权重新回到祖国和人民手中，中国海关从此进入新的发展时期。中国海关与国家同呼吸、共命运，走过了跌宕起伏的不平凡道路。其间，中国海关虽管理体制几经变更，但始终忠诚履行党和国家赋予的职责任务。特别是改革开放以来，海关逐步建立起与社会主义市场经济体制相适应、与改革开放相配套、与国际同行规则相衔接的海关管理体制机制，对国家经济社会发展的贡献更加突出，在维护社会主义市场经济体制和国家安全中的作用更加明显，在国际海关中的地位更加重要。

1949年10月25日，中央人民政府海关总署在北京成立，统一领导全国海关及其事务，并相继完成了接收改造旧海关、明确独立自主关税政策、确定设关原则和调整全国海关机构设置、颁布实施《中华人民共和

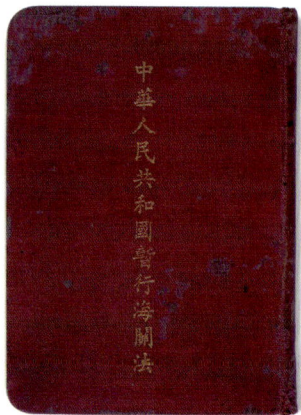

1951年《中华人民共和国暂行海关法》

国暂行海关法》、明确海关职责任务、确定海关关徽方案等工作。1953年1月，海关总署划归对外贸易部管理，改称对外贸易部海关总署，各地海关与地方对外管理局合并，史称"关局合并"。1960年11月，各地海关建制下放到地方，对外贸易部海关总署也改称为对外贸易部海关管理局。

改革开放以来，随着中国由计划经济体制向社会主义市场经济体制转型，对外贸易和外向型经济在国民经济中的作用日显突出。中国海关顺应形势发展，立足于支持和服务改革开放和经济建设，锐意进取，开始步入辉煌的历史阶段，海关事业得到迅猛发展。1980年，中华人民共和国海关总署成立，其作为国务院直属副部级机构，统一垂直领导各地海关，并恢复征收关税和编制海关统计。1998年，海关总署升格为国务院直属正部级机构，并增加口岸管理等职能。1999年，海关总署走私犯罪侦查局成立，中国海关拥有刑事与行政两种执法权，打击走私违法犯罪行为。2003年，海关实施关衔制度，成为继人民解放军、人民警察之后第三支实行衔级管理的队伍。2020年，全国海关征税入库17 099.1亿元人民币，立案侦办走私犯罪案件4061起，案值927.3亿元人民币，为促进国家经济社会全面发展做出了贡献。

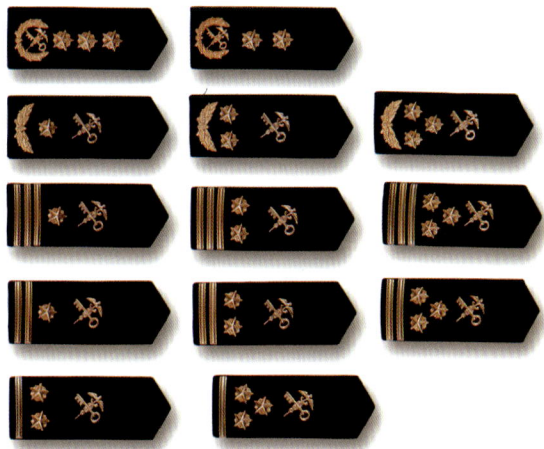

海关关衔标志

专题展陈走进现代海关

"海关 902"艇

"海关 902"艇长 58.5 米，高 13 米，最大宽度 7.8 米，总排水量 400 吨，抗风能力 8 级，最大航速 29.5 节，并配有卫星定位、雷达导航跟踪搜索系统及 H966 通信系统，是中国自行设计建造的在当时较为先进的舰艇之一。该艇于 1989 年 7 月 20 日在拱北海关投入使用，2009 年 11 月 19 日正式退役后被征集为中国海关博物馆藏品。服役 20 年间，"海关 902"艇先后查获 1000 多起海上走私案件，总案值达 3.5 亿元人民币，是一艘战功卓著的"英雄艇"；它先后 50 多次安全接送中央领导同志视察深圳经济特区工作，是一艘荣誉等身的"光荣艇"。1992 年 1 月 23 日，邓小平乘坐该艇从深圳前往珠海，在 45 分钟的航程中发表了著名的南方谈话的一部分，为改革开放指明了前进的方向，该艇因而被写进了中华民族伟大复兴的光辉史诗，成为见证历史的"功勋艇"。

"海关 902"艇专题展览重点复原邓小平在艇上畅谈的场景，反映 1992 年以来中国改革开放和现代化建设事业所取得的重要成就。

"海关 902"艇

海关缉私成果展

2019 年 11 月，"国门利剑——海关查缉走私成果展"正式对外开放，展示 20 世纪 50 年代之后海关的缉私成果。从现场展品看，20 世纪五六十年代，海关查获各类政治破坏性走私和日用品较多。20 世纪 80 年代，沿海地区群众性走私、货运和加工贸易渠道走私现象严重，走私物品以高档生活用品、生产设备以及生产原材料为主。比如，1988 年 3 月，郑州海关查获了旅客走私珍贵文物 53 件。20 世纪 90 年代，企事业单位走私现象突出，案值巨大，发生了震惊全国的"9898"湛江特大走私受贿案和"420"厦门特大走私案。其间，海关还将反走私与反腐败斗争紧密结合，大规模走私势头得到有效遏制。进入 21 世纪后，货运渠道价格瞒骗多发，旅检渠道"水客"走私活跃，毒品、枪支弹药、固体废物、动植物制品等走私现象突出，为海关监管带来更多的挑战。在禁毒方面，海关一直是国家禁毒战线的重要力量。展览上展示了海关查处的多种藏毒工具。

知识产权海关保护专题展

知识产权海关保护专题展主要展现海关保护知识产权、打击进出境环节侵权行为的历程与业绩。从古至今，知识产权与贸易之间存在着密切的联系。贸易的发展催生人们对保护知识产权的需求；国际贸易中的侵犯知识产权行为不仅侵害知识产权权利人的合法利益，而且严重破坏公平竞争的贸易秩序，阻碍社会创新。中国海关于 1994 年 9 月开始重视对知识产权的保护，从此中国海关依法履行职责，采取有效措施，制止侵犯知识产权货物进出境。中国海关

的知识产权保护工作为维护全球贸易安全和促进国际知识产权保护事业发展做出了巨大的贡献。

开馆以来，中国海关博物馆还开展了多项限时活动：先后举办"烽火硝烟守国门——中国海关与抗战（1931—1945）""雄关漫道——丝绸之路上的古关"等临时展览，通过展示海关历史、传播海关文化，开展爱国主义教育；以"移动博物馆"的形式，将展览送到基层、送到边关、送进学校、送进社区、送进军营，让大众"足不出户"就能接受爱国主义教育；通过"通关小达人"国门安全教育、"禁毒小卫士"系列课程，让青少年树立国门和国家主权意识；开展海关见证物征集工作和海关老同志口述历史项目，并据此整理制作一批文稿、视频，为研究海关历史提供第一手资料。

中国海关见证了国家的屈辱与复兴，也见证了民族的苦难与辉煌。中国海关行业是不断发展的，新时代的海关人将奋力书写新的辉煌。

"烽火硝烟守国门——中国海关与抗战（1931—1945）"临时展览

中国海盐博物馆

中国海盐博物馆

  中国海盐博物馆是全面反映中国海盐历史文明的大型专题博物馆。该馆于 2006 年 1 月 23 日设立，2008 年 11 月 18 日建成并对外开放，并在经过改造提升后于 2019 年 5 月 28 日重新开放。中国海盐博物馆旨在收藏、保护和研究中国海盐文化历史资料，集中展示中国海盐文化的优秀成果与时代风采。

  江苏盐城地处淮河下游的沿海地区，得天独厚的自然条件使得此地自古以来就是中国重要的海盐产地。盐城是一座在历史上经咸卤"浸泡"过的城市，海盐历史文化遗存有 800 多处，如宋代名臣范仲淹为保护盐业生产而修建的海堤——范公堤。中国海盐博物馆选址于盐城这座以"盐"命名的城市，可以说是找到了最好的归宿。中国海盐博物馆坐落于盐城市区，古代贯通各大盐场的人工运盐河——串场河从旁边流过。该馆占地面积达 6 万平方米，主体建筑以银白色正六面体盐结晶造型点缀，宛若散落串场河畔的盐晶。中

中国海盐博物馆

范公堤遗址

国海盐博物馆的展览空间包括一个基本陈列——"海盐华章"、两个专题厅——"煮海之歌""环海盐趣"和一个临时展厅，其中，"海盐华章"由"引海制盐""行盐四方""盐政春秋""海盐兴城"4个单元组成。

海盐华章

引海制盐

海盐是大海馈赠给人类的宝贵财富。自夙沙煮盐开始，华夏先民从未停止对海盐的开发和利用。宁波大榭、山东寿光双王城等盐业遗址的发掘，让世人得以了解古人从海水中获取海盐的过程。制卤技术的改进以及生产技术的一次次变革，推动了海盐生产的发展，展现了中华民族勤劳、勇敢、智慧、创新的精神。"海盐华章"展厅的"引海制盐"单元主要讲述中国传统海盐生产工艺的创造与变革，重点展示古代淮盐开辟亭场、淋灰取卤、煎卤成盐的"淋卤煎盐"全流程，以及历朝历代海盐生产工具的演变。

盔形陶器

整块盘铁

参观者根据展陈中的盔形陶器，可以对商周时期制盐工具的形态有大体认识。这类陶器大量发现于山东沿海煮盐遗址中，表面有粗绳纹，形状规整，厚重而坚固。出土时，其内部尚残留制盐时形成的钙化物硬层。在铁器煮盐出现之前，这类陶器是主要的制盐工具。

该单元陈列着中国海盐博物馆的"镇馆之宝"之一——整块盘铁。盘铁为中国古代煎盐的一种重要工具，由汉代牢盆演变而来，有圆形的、方形的，有整块的、切块的。这块盘铁由生铁铸造，出土于盐城市区县前街，使用时间估计为唐代至宋代早期，直径约为1.9米，重2吨多，四周均匀分布着长22厘米、宽20厘米的錾。《熬波图》中就有对盘铁的记载。它的出土印证了中国早期海盐生产工具的形制，反映了海盐生产技术的发展演变。

从盐城滨海县陈涛镇的一艘沉船上出土的 22 块切块盘铁，在宋元时期使用。该沉船所处位置在宋代为浅海，而沉船的后仓仅有一红陶瓮。据考古人员推演，沉船或因进水、超载、搁浅等原因无法移动，船主携生活用具弃船逃生。中国海盐博物馆展出的方形切块盘铁由 4 个部分拼凑而成，十分罕见。

行盐四方

古代灶户挥洒汗水制出的洁白盐晶，被运往四面八方，成为历代统治者和社会群体牟利的重要商品。为了确保海盐专卖，人们创造出渗透于存储、运输和销售

小海场乙卯年校准石权

过程各个环节的缜密的管理体系。正是如此完整、细致的管理方法，孕育了盐商这个特殊的群体，演绎了许多传奇故事，在中国历史上留下了浓墨重彩的一笔。"行盐四方"单元主要讲述贯穿于存储、运输和销售过程的海盐管理体系，重点展示清代淮南盐的行盐全流程以及盐商的传奇历史。

位于盐城的小海场是古代淮南的一处盐场，清乾隆三十三年（1768）并入丁溪场后，"小海场"一名或许仍在使用。当地出土的小海场乙卯年校准石权制作于 1915 年，呈鼓形，直径 33.3 厘米，底径 29 厘米，高 25.8 厘米。其上刻有所有者——"小海场盐支会"、重量——"校准磅砠一百四十七磅""司马砠一百零五斤"、制作者——"章义兴造"、制作年代——"乙卯年置"等字样。该石权很可能是掣验盐斤的专用衡器。

该单元陈列着清光绪八年（1882）纲盐执照。这是浙江盐漕部院所批的"照单"，上面记有盐商的姓名以及所买盐引数量。拥有了纲盐执照，就拥有了运销食盐的资格。展陈中还有清光绪十一年（1885）水程执照，即批验所官员发给盐商水路运盐的凭证。该执照对食盐的销售区域做了明确的规定，商人凭它才可运盐至指定的销售

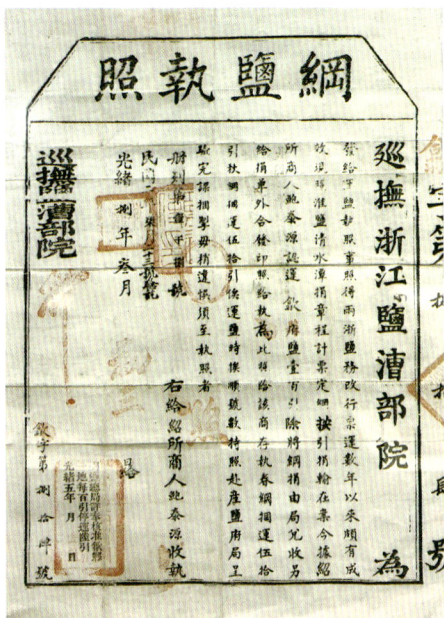

清光绪八年纲盐执照

口岸。这两件文物印证了清代盐业专商引岸的管理体制，对研究清代盐法制度具有重要的实物价值。

盐政春秋

从春秋时管仲首创食盐官营制度开始，每个朝代的盐法虽有变化，但大抵离不开国家专营这条主脉。随着盐法的变革和完善，在古代仅次于粮赋的第二大收入来源——盐利，被牢牢地掌握在国家手中。"盐政春秋"单元主要讲述历代盐政体制的变革及海盐业在中国历史进程中的重要作用与影响，展示中国盐政改革史重要节点上的人物和事件，如"管仲与官山海""笼天下盐铁——汉武帝食盐专卖""刘晏与就场专卖"等内容。

圣旨作为中国封建社会帝王委任官吏、册封宗室、表彰功德等专用的一种文书形式，是中国古代帝王权力的展示和象征。根据清代规制，五彩圣旨是皇帝给五品以上官员的，其上有5种颜色。中国海盐博物馆展出的清光绪三十四年（1908）五彩诰命圣旨，左侧自左向右书满文，右侧自右向左书汉文，可称"满汉合璧"。圣旨中间写有下诏的日期，内容为下诏诰封盐提举林齐鼎祖父母。圣旨字迹清秀工整，保存较为完好，在极具史料价值的同时，也具有艺术欣赏价值。

海盐兴城

"海盐兴城"单元主要介绍盐城因盐而立、因盐而兴、因盐成城的历史渊源。盐城的先民傍海而生，他们在开阔的海涂上，利用泥滩和草荡，写下了海盐业的历史篇章。引潮海道和运盐通途垒成一座座盐亭，形成一处处盐场，又发展成一座座集镇和城市。可以说，盐城是一座真正意义上由海盐文化凝结发展起来的"海盐之城"，从汉高帝六年（前201）设立盐渎县至今，已有2000多年的历史，也是目前全国唯一以"盐"为名的城市。

该单元陈列着 1936 年大丰盐垦股份有限公司股票，其上有公司创办时间、股东姓名、所占股份以及股票价格等信息。清光绪二十七年（1901），南通实业家张謇在吕四场创立通海垦牧股份有限公司，开兴垦植棉之先河，给因盐业衰落而陷入困境的淮南各盐场开启了希望之门，随之兴起一股废灶兴垦的热潮。南起长江口的吕四场，北至海州以南的陈家港，约 350 千米长的滩涂上先后成立了 100 多家盐垦公司，其中 78 家在今盐城市内。张謇在兴办盐垦公司的过程中，学习和借鉴国外的经验，创造性地采用股份制来解决资金的筹集问题。这张股票真实反映了民国时期盐垦公司的筹建经营状况，为研究废灶兴垦历史留下了宝贵的实物资料。

盐城风光

煮海之歌

在海盐的生产过程中，勤劳、淳朴的灶丁不仅创造了丰富的物质财富，还积淀了多彩的精神文化。他们或为祈求神明的护佑，或为实现自身的审美追求，逐渐形成了类型多样、内涵丰富的灶户习俗。一些出身灶户、长期接触灶户的知识分子，对灶丁的苦难处境有着深切的感受，饱含同情地记录下灶丁的血与泪，从而产生了如吴嘉纪"盐场今乐府"这一类的诗歌体裁。在专题厅——"煮海之歌"，参观者能感受到灶丁团结拼搏的精神面貌，更能感受到浓浓的盐文化气息。

"煮海之歌"展厅分为4个单元："人神同祭"主要讲述基于海盐生产和发展的特点所形成的祭祀风俗；"海风盐俗"主要列举滨海灶户在长期的社会生活中形成的俚语、独特的饮食文化习惯等；"史海盐志"主要介绍海盐发展史上的各类史籍志书；"艺文流芳"主要介绍海盐的生产、运销活动在多种艺术形式中所流露出的浓郁的盐文化气息。

陈椿（1293—1335），浙江天台人，曾任下砂盐场（场署在今上海浦东新区新场镇）盐司，在任职期间根据前人所作旧图，增补而成《熬波图》。《熬波图》全书现存

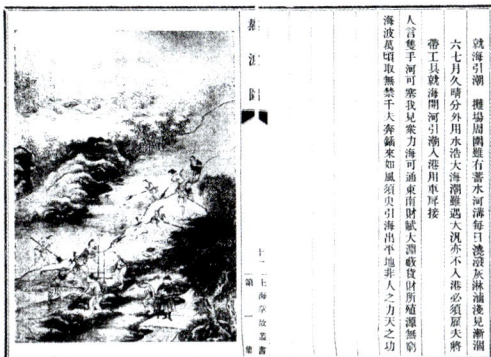

《熬波图》书影

图47幅，每幅图都配有图说，并附有一诗，生动形象地记载了从建造房屋、开辟滩场、引纳海潮、浇淋取卤到煎炼成盐的完整的海盐生产过程。《熬波图》这部中国古代系统总结海盐生产过程的作品，反映了宋元时期海盐生产的总体面貌，具有极高的历史、文学和科技价值。

环海盐趣

在"环海盐趣"展厅，参观者可以了解世界各国的产盐、用盐情况，与盐有关的各色风情以及多姿多彩的盐品。在漫漫历史长河中，盐不仅是人们的生活必需品，而且见证着人类文明的发展。对于盐资源的争夺是历史上很多战争爆发的重要原因。通过"环海盐趣"这个透视世界盐业的窗口，参观者可以感受世界各国的盐业文明成就，同时更加深入地了解中华民族在海

盐文明方面的创造，以及在世界盐业史中的重要地位。

该展厅分为4个单元："世界盐业概况"介绍世界其他国家的食盐产量、盐产品结构、食盐消费结构、盐业管理体制，及其与中国相关情况的比较；"世界战争中的盐"讲述盐在世界历史中作为战略资源的重要性；"世界'盐闻佚事'"展示世界各地关于盐的传统和习俗；"千年淮盐甲天下——江苏盐业"生动地展现江苏盐业的改革转型和砥砺奋进。

中国海盐博物馆拥有一支专业的讲解队伍，向参观者系统地介绍展出的文物，以帮助参观者全面了解海盐文化。多媒体设备是现代展陈的必要技术手段，中国海盐博物馆各展厅内多处场景陈设，以多媒体播放和人声解说、背景音乐等视听元素的配合，从画面、音效等方面充分调动参观者的感官，再辅以灯光、特殊材料等陈列手段更好地诠释展览内容，引人驻足，从可视、可听、可触多方面加深参观者对展览内容的理解。

中国海盐博物馆是古盐运河边的璀璨明珠，是海盐文化传播的窗口，担负着海盐文化传播的使命。同时，它集盐城海盐文化研究之大成，是盐城历史文化精神的凝练。中国海盐博物馆向世人展示了中国海盐文明的发展历程，在这里，你将领略一场中国海盐历史文化的盛宴。

6

中国航海博物馆

中国航海博物馆

中国航海博物馆

中国是航海大国，孕育了悠久灿烂的航海历史与文化。中国首家国家级航海博物馆——中国航海博物馆，坐落于上海市浦东新区南汇新城，邻滴水湖而立，附近有上海海洋大学、上海海事大学等海洋特色高等院校。中国航海博物馆由交通运输部和上海市政府共建，于2010年7月5日全面建成开放。作为一家以航海为主题的综合性博物馆，它承载着弘扬中华民族灿烂的航海文化的使命，旨在构建国际航海交流平台，引导公众进一步认识航海、了解航海、热爱航海，激发广大青少年对航海的热情。

中国航海博物馆外观似两片白色船帆交织，蓄满风力，正待起航。博物馆总建筑面积约4.6万平方米。两片船帆造型包裹的便是博物馆的核心区域——中央展厅，展览面积达 2.1 万平方米。博物馆展厅分 3 层，迎大门而进的是中间一层，参观者从这里可上下楼层进行参观。

中国航海博物馆

中国航海博物馆立足于"航海"特色，突出"博物"。全馆船舶模型约有 420 艘，分散在各展馆及专设的船模区中。参观者可在馆内一觅古今中外军民用途船舶、舰艇的身姿。

中国航海博物馆将"厚重的历史感"和"酷炫的现代化"巧妙融合，兼具专业性、趣味性、体验性。馆内有航海历史馆、船舶馆、海员馆、航海与港口馆、军事航海馆和海事与海上安全馆六大常设展馆，还有两大专题展厅及儿童活动空间。从历史久远的小舟、木船，到堪称"大国重器"的军事舰艇，历代中国人征服海洋的壮阔画卷在馆内铺陈开来。航海也是一项实操性极强的活动。为此，馆内设系水手结、模拟驾驶舱操作等互动项目，让参观者能身临其境地体验航海。为充实馆内展览，中国航海博物馆还承办大大小小的航海相关活动。

六大常设展馆讲述航海文化

航海历史馆

航海历史馆是中国航海博物馆的重点展馆，展品沿时间脉络陈设，主要分"古代""近代""现代"3 个展区，参观者可在时间的延绵中回顾中国航海发展历史。展馆围绕舟船的演变历程为参观者梳理了中国造船和航海技术的发展，展品为船只模型或打捞上来的沉船。

先民通过观察发现"质轻则浮于水"，带着这样的好奇心，将吹起的羊皮并排捆扎成筏，于是就有了早期的渡水船——羊皮筏。早期的船只历经羊皮筏、独木舟、木板船，逐渐完善了材质和样式。到了秦汉时期，国家征战交往频繁，船只出现战船、商船等类别，船帆、桅杆等借力自然的构件也随之产生。历经唐宋元时期造船业的发展，中国古代航海业在明代达到顶峰。明代郑和集结 200 余艘船，开始了大规模的早期航海探索活动，累计拜访了 30 多个国家和地区。航海历史馆在展示沉船原样之外，还展出随船出土的香料、瓷器等，瓷器之精美、物件品类之繁多，足见海上丝绸之路的繁荣。国富民强，万国来朝，那段盛世的历史在沉船、瓷器等物品的展示中被拂去尘埃，重绽光芒。

然而，在中国的航海历史上也有令人叹惋的低谷，这从历史馆中展出的部分近代航运事业的兴起者事迹、相关护照、奏折等历史文物和船只模型中可窥一斑。历经明清海禁、闭关锁国政策及西方国家工业革命的冲击，中国航海业在竞争中不断衰落。

鸦片战争之后，西方列强的坚船利炮震醒了救亡图存的国人，人们意识到中国日渐式微的航海事业不足以抵御外辱和经商贸易。在李鸿章、左宗棠等人的主持下，江南制造局、福建船政局、轮船招商局及北洋水师等海洋作战军队翻开了中国近代航海事业和海上军队建设的新篇章。如今，中国的航海经济居于世界前列，这个海洋大国正由大向强发展。从随流而动的羊皮筏和竹筏、借桨而行的独木舟和木板船、蓄风启航的帆船，再到如今依靠机械动力远航的巨轮，人类的智慧与胆识盈于历史长河中，绘就了跌宕壮阔的航海史。

航海历史馆外销扇展区

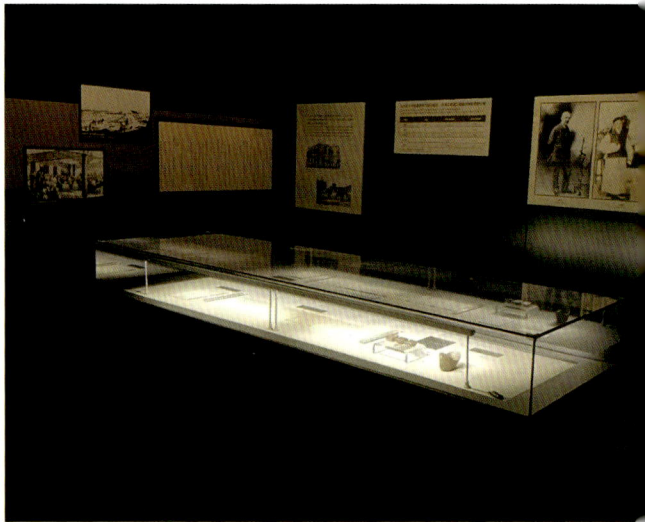

航海历史馆近代航海史展区

船舶馆

船舶馆将船舶细剖讲解，从现代船舶的结构与设备到不同历史时期的船舶制造，细细描绘出船舶建造的"通用图纸"。一进入船舶馆展区，便可以看到一艘被分为3大段的货船——风庆轮模型。模型详细展示船舶结构，为参观者全方位还原船上作业、货运仓存等细节。馆中分模块展示船舶零部件，介绍各个零部件的作用。精细的船厂模型还原了造船厂忙碌的场景。将分离的零部件一步步地组装成完整的船只，正如"高楼平地起"，让参观者直观感受船舶建造过程之精细、技术之精巧。

海员馆

海员馆里珍贵的展品荟萃，陈列着与海上作业人员的船上生活、工作相关的实物和场景，包括不同时期海员的服装样式，以及海员在船上的休息房间、生活用品等，还原海员航海生活。

海员馆内还设有系水手结、航海模拟等互动项目，让参观者实操体验并学习航海知识。系水手结是最为"传统"的航海操作。古代帆船等需要用繁多的绳结固定船只结构、运载货物等，因而系绳结是每个水手的必备技能。这些绳结十分牢固，具有"易结易解不易开"的特点。随着技术

的革新，水手结在航海中的实用性逐渐降低。系水手结慢慢演变为一种航海传统和文化，在实用性之余更具艺术性。

海员馆一角

海员馆中央是供参观者体验的航海模拟器，参观者可在此通过操纵轮盘等模拟黄浦江游览，体验一回海上航行。此外，海员馆内还展示了中国航海院校的发展历史。中国对于专业海员的培养可上溯至1866年的福建船政学堂。百余年来，中国的海员培养逐渐走向规模化、专业化、科学化，国家对于海员的重视与培养从未停止，中国海员也形成了劈波斩浪、不畏艰苦的航海精神。

航海与港口馆

航海与港口馆主要展示港口模型以及保障船舶航行的各类仪器仪表、技术资料。

入口处高高悬挂着一个地球仪，向参观者展示占地球表面积约71%的海洋使各大陆互联互通。航海连接起大洋、大陆，气

象与海况的变化影响着船只的航行，对航行的环境认识尤为重要。馆中陈设着海洋气象与海况相关展品，包括风向仪、海流仪等观测仪器。尽管现代化的航行更多地利用电子地图来确认路线及方向，但是海图、航线图等仍是航海过程中的必需品。详细的海图上绘有精确的海岸、岛礁形状，载有详细的海水深度等信息。参观者可在该馆中一一观摩各式海图。

从依赖目标地形辨向的地文航海时代，到借由六分仪等仪器定位的天文航海时代，古人的智慧使得船只在茫茫大海中有了方向。六分仪可利用光学手段测量远方两个目标之间的夹角，在航海中通常用以测量某一时刻太阳或其他天体与海平线的夹角，可快速确定当下所在经纬度。馆藏六分仪系列展示了从早期六分仪到现代产品的演变，这一古代航海的定位"神器"逐渐退居为现代船舶备用的定位装置。

航海技术的迭代更新也使得海上贸易更加繁盛。航海与港口馆还向大众展示了上海港的发展历史，体现了上海依水而生、临港而兴，经济、文化全方位发展的盛况。

军事航海馆

军事航海馆介绍中国海军的建设历史，并陈列着军舰模型、海军军旗及海军军装。高仿真的潜艇指挥舱、真实的舰载火炮等展示了当代中国海军强大的作战能力和高精尖技术。

为了区分舰种、数量和在军队中的序列，军舰通常以阿拉伯数字进行组合排列命名。馆中单独陈列的"101"号舰正是中国01号驱逐舰，第一位阿拉伯数字"1"指示其舰种为驱逐舰，第二及第三位数字组成其编号"01"。为满足不断变化的作战需求，中国的军舰也在不断地进行技术革新和升级。因执行任务的需求不同，相比于驱逐舰，护卫舰更加小型，载重量也较小。馆中陈列着一系列驱逐舰、护卫舰供大众观看、比较。

参观者也可在馆中一览辽宁舰的风光。辽宁舰是中国人民解放军海军第一艘可搭载固定翼飞机的航空母舰，其前身为苏联海军的航空母舰"瓦良格"号，经改良后于2012年9月正式交付中国海军使用。其建造、改良过程实为坎坷、跌宕。如今，中国依靠自主研发力量已有3艘航空母舰下水。从辽宁舰、山东舰到福建舰，短短10余年，中国的综合国力和军事实力日渐强大。

海事与海上安全馆

海事与海上安全馆主要通过实物及辅助图文向参观者展示中国海事的发展历程。中国航海历史悠久，在航海事业繁荣的同时，海事机构也应运而生。据现有文献，中国的海事机构可溯源到宋代市舶司，其负责管辖海外贸易。在国家贫弱的近代，中国海事管理由外国人掌控。1949年后，中国自主管控海事并实行了一系列的制度改革，制定了一系列的航运管理条例和法规。海事与海上安全馆还通过实物、多媒体、电子地图等形式展示海上救助、海上打捞以及打击海盗活动等专题内容。

航海不止于船艇，还有可触及的远方和深海风光。2021年，在六大常设展馆之外，中国航海博物馆首次尝试加入自然风光元素，新设由中国航海博物馆和上海市海洋局共同打造的海洋展馆。海洋展馆展示北极狼、帝企鹅等百余件生物标本，还陈列着中国现代航海队伍跨越远洋采自南北两极的海水、海石及标志性船艇模型等。该馆和六大常设展馆相互融合，展现了航海

生活的景象，让壮阔深邃的海洋与中国人走向海洋的故事跃然眼前。

三 "最"展品展现古人智慧
"最大"——明代福船

步入博物馆大门，映入眼帘的便是全馆"最大"展品——明代福船。该福船有两层艉楼，并有可升高的甲板，三桅三帆，主桅高26.6米。福船是福建沿海一带建造的尖底古海船的统称，其船体结构稳定，吃水深，具有较好的抗沉性能，适于远航。据考证，明代郑和下西洋所乘坐的船只便是福船。该福船为工匠们遍览历史文献，以郑和下西洋宝船为原型等比例建造而成的，严格遵循榫卯连接和水密隔舱的福船建造工艺要求，生动复原了细节。参观者可上船观览福船各处，还可发现船内依照民间航海传统供奉着祈求一帆风顺的妈祖

海洋展馆

明代福船

像。登上此船，那个远渡重洋以扬国威的辉煌时代浮于眼前，不难想象古人凭借着高超的造船技艺使得中国商船络绎来往海上各国的景象。

"最精巧"——大翼战船

在航海历史馆中，一件通体金黄的船模引人瞩目，它就是全馆数百件船模中"最精巧"的——大翼战船。春秋时期，南方多江河水路，为获取作战优势，快速主力战船——大翼战船应运而生。目前尚未发现大翼战船的实物，因而航海历史馆中的大翼战船模型是依照文献记载的大翼战船实际尺寸等比例缩小制作的。该模型由中国台湾著名金雕艺术家吴卿先生使用3千克黄金手工打造而成，十分小巧，长仅43厘米，宽13厘米，高16.6厘米。金船分上

下两层，船上雕有1名指挥官，2名瞭望兵，39名武士、钩矛斧者、弓箭手。所雕人物神态各异、栩栩如生，就连战斗所用的箭弩都丝丝可见，由金丝织成的战旗纹路更是细致严密、富于动感，仿佛前方正是一场激烈的水上战斗。这样一艘小巧的金船能够容纳下如此精妙生动的细节，让人在惊叹金雕匠人的神工鬼斧之余，脑海中铺展开对春秋时期军船相见、江河争霸的遐想。

"最久远"——《大明混一图》

中国航海博物馆内的展品件件堪称精品，具有很高的艺术价值和收藏价值。若要说"镇馆之宝"，全馆"最久远"的地图——《大明混一图》当之无愧。《大明混一图》所绘范围以明代疆域为中心，东起

大翼战船模型

大翼战船模型细节

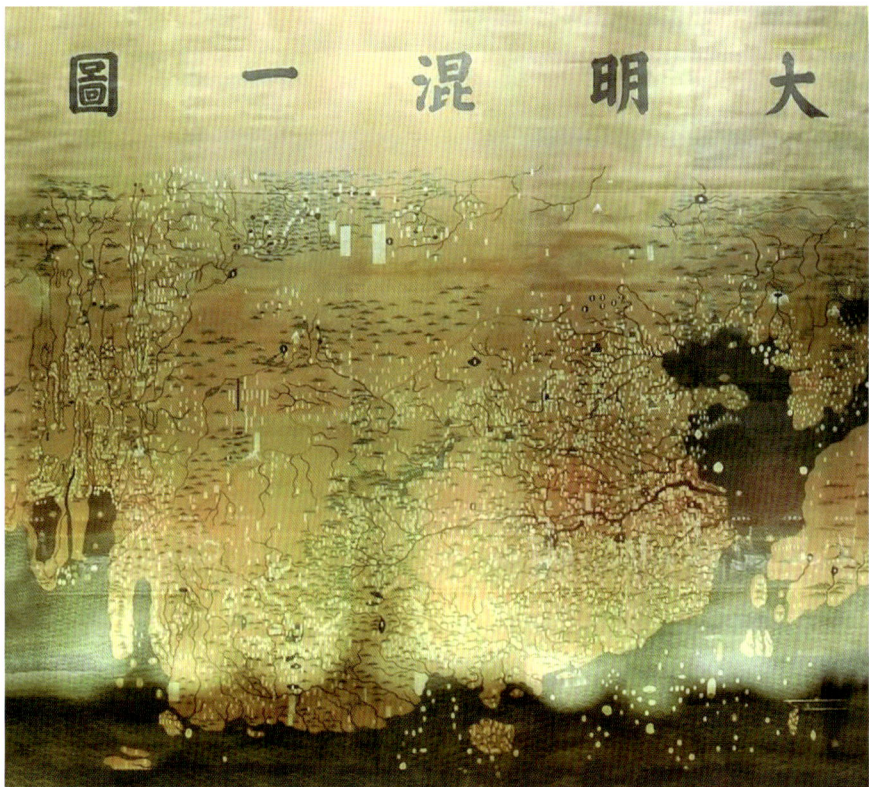

《大明混一图》

日本，西达欧洲，北至蒙古，南括爪哇，是目前已知由中国人绘制的尺寸最大、年代最久远、保存最完好的彩色世界地图，也是迄今为止能见到的最早描绘非洲的世界地图。该馆中所展示的为临摹件，尺寸为 386 厘米 ×456 厘米。地图上密密麻麻散布着汉文或满文的地名和注记，其中满文为清康熙年间覆盖其上。《大明混一图》绘制精美，大明疆域内名山大川多为彩绘涂抹：广为熟知的五岳名山均用青绿色工笔描绘，显现出一派生机盎然；而长白山、昆仑山等为描白涂抹，以示此地终年雪封。图上载有丰富的行政区划和地理信息，标有数目众多的府县治所，具有很高的历史人文和古代地理研究价值。《大明混一图》无疑是当时明人世界意识的体现，使后人对明人的地理活动范围有了新的认识，向世界重现了中国大航海时代的光辉——中国所造舰船，可越重洋，远达非洲，络绎来往，商旅不绝。

千百年来，华夏民族对海洋的探索从未停止。中国这个拥有灿烂文明的古老国度，也曾有过辉煌的航海时代，而底蕴深厚的航海文化正以蓬勃的姿态在现代社会中延续、生长。中国的航海事业不会止于中国航海博物馆现在的馆藏，未来将有更多的新兴技术进驻中国航海博物馆，为国内外参观者提供瞭望古往今来航运发展的窗口。

中国港口博物馆

中国港口博物馆

　　宁波，一座因港而兴的城市，坐落于中国南北海运航线的中段，是东海航线的主要进出港。港湾特色让这座港口城市在历史的磨难中，不仅未衰落，反而发展成了一个集内河港、河口港和海港于一体的多功能深水大港。这座超大型船舶集散港

宁波中国港口博物馆

的悠久历史和显赫地位，使得目前中国规模最大的港口专题博物馆落成于此变得理所应当。

中国港口博物馆由宁波市北仑区人民政府出资建造，建成于 2014 年。博物馆主体建筑宛如两只半掩在沙滩中的海螺，仿佛风一吹过就能吹响航海的号角；换个角度看，又仿佛两片凭风借力的风帆，在阳光的照耀下闪着银亮的光，充满现代气息和动感。然而，也有人说中国港口博物馆的外观像一双眼睛，望向星空，望见古今。

中国港口博物馆总建筑面积超过 4 万平方米，分为 4 层，设有"港通天下——中国港口历史陈列""创新之路——现代港口知识陈列""海濡之地——北仑史迹陈列""水下考古在中国""港口科学探索馆""'数字海洋'体验馆"等 6 个常设展厅和 1 个临时展厅。这座国家级博物馆并非传统的"收藏文物式"博物馆，而是融合了科技元素的现代博物馆，参观者可以在此通过虚拟、特种影像等高新技术体验置身于港口和海洋的乐趣。中国港口博物馆承载着"港通天下"的文化内涵，以宁波的港口文化为主题，兼具历史发展的积淀性、互动体验的趣味性、港口建设的现代性，是国内外学者研究港口历史的学术平台，是大众了解中国港口发展和学习港口知识的便捷窗口，更是海上丝绸之路文化和精神的重要载体。

江河汇流，港通天下

在中华民族从古老的农耕文明走向海洋文明的历程中，港口发挥的作用可谓举足轻重。纵观港口的发展历程不难发现，不少闻名一时的港口历经岁月风霜，最终衰败于自然淤堵的无奈，但也有不少港口在自然和历史的洗刷下永葆生机。

"港通天下——中国港口历史陈列"展厅总面积 2950 平方米，以时间为序，以大量的场景复原和出土文物展示远古、古代、近代、现代 4 个历史阶段中国港口的发展。

20 世纪 50 年代码头场景复原

展厅外墙上连缀雕刻着渔民捕鱼拉纤、河上渔船往来、蒸汽轮船航行、现代化大港口的场景，雕琢出沿海、沿河居民港口作业方式的变化——从过去的人力劳动逐渐升级为现代化的机械作业。其中，郑和下西洋与甲午海战在浮雕上也有浓墨重彩的体现。

新石器时代，沿海、沿河居民发展了捕鱼等生产活动，系舟于安全的天然海湾和河湾，靠泊航行工具的原始港点应运而生。该展厅以浙江余杭卞家山遗址的原始港点为原型进行艺术场景复原。卞家山遗址是良渚文化中晚期比较完整的聚落遗址，考古发现其南侧临水区域有 140 余根木桩，部分木桩密集排列成行，延伸至水域。考古学家认为这里可能存在良渚文化晚期的木构码头，现存的木桩上原本有横置的木板或木条以供通行。与卞家山遗址复原场景一同展示的还有良渚文化和河姆渡文化时期的多种石制工具、木桨、船型陶器、龟、鱼、贝等遗物，远古时期人们临水而居、滨水生产的场景历历在目。港口与航行工具的发展相辅相成，良好的港口使得水系的沟通和货物的运输变得便捷。春秋时期晋惠公四年，晋国饥荒，

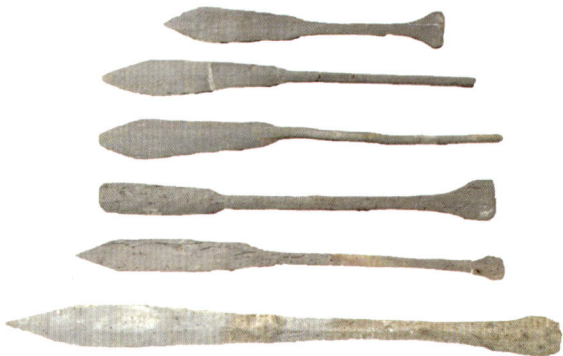

河姆渡文化时期的木桨

秦穆公派船沿河而行，运送粮食去往晋都，途中水陆交替，运粮的白帆络绎不绝，史称"泛舟之役"。

中国港口博物馆的"镇馆之宝"之一——战国船纹青铜缶陈列于"港通天下——中国港口历史陈列"展厅。该青铜缶出土于广西合浦北部湾地区，主体纹饰

战国船纹青铜缶

为 4 组羽人竞渡纹，下部以弧形边框线为舟，其上羽人气势汹汹竞技渡河。得益于精湛的铸造技艺，青铜缸上的人物呼之欲出，其神情雕刻栩栩如生，有的紧张地四处张望，有的专注地奋力划桨，俨然一派激烈竞技场面。战国船纹青铜缸足以告知后人，早在战国时期，中国就有发达的水路交通；而不可否认的是，港口在其中的作用重大。

隋唐五代时期，随着造船、航海技术和港口建造技术的新发展、南方经济的日新月异、大运河的开凿及海上丝绸之路的兴盛，港口发展迎来一个高峰期，一批世界著名的港口和繁荣的港口城市涌现。运河港口城市兴起，长江流域港口和沿海港口快速发展，港口布局呈现出新变化。在此过程中，长江流域港口凭借着得天独厚的地理优势迅速壮大，中国港口发展开启了

"港通天下——中国港口历史陈列"展厅一角

海港、河港全面兴盛的新格局。作为长江口以南的主要港口之一，宁波也跻身举足轻重的港口城市之列。馆内所陈列的顺岸式码头模型和岸壁式码头模型是根据在扬州港发掘的码头遗址艺术复原而来的。这两类码头的出现，提高了码头的岸线利用率和港口的吞吐量。

历史车轮滚滚向前，时间的巨轮驶到了近代，那是一个民族屈辱与国民奋起并存的年代。近代的中国处于忧患之中，被迫签订了一系列不平等条约，但这也带动了中国人民奋起反抗、夺回港口主权的运动。港口贸易活跃了经济，需要投入市场融通的资金相应地猛增，经济对于金融业的要求较之前大大提高。一大批国外银行相继在上海设立分行，也刺激了中国人自主经营银行、保险公司、交易所等金融机构。19 世纪后期，上海已具全国金融中心的雏形。参观者走入"近代港口"展区，伴着吴侬软语，仿佛置身于八街九陌的十里洋场。

从近代港口主权的丧失到现代化深水港的独立自主建造，中国的港口建设历经漫长岁月。如今，国家经济的快速发展和现代科技的进步使得港口走向机械化、大型化、专业化。现代港口的这些特点在"创

新之路——现代港口知识陈列"展厅得到细致的呈现。该展厅总面积约 2000 平方米，以现代港口技术为背景，分为港口建设、港口作业、港口支持系统 3 个展区，分别从港口基本构成、主要功能、基础设施、重要设备、关键技术、支持系统等方面进行翔实的介绍。这里如同一个井然有序的小社会。从码头到航道建设，从先进的装卸设备、工艺到科学的电气化控制系统，从安全可靠的港口支持保障体系到系统务实的口岸管理体系，从物流园区、保税港区的设立到国际航运中心的形成，各项设施高效运转，各种系统协调配合。在这里，参观者仿佛站在高处俯瞰繁忙的港口作业线。为了让参观者在参观的过程中收获知识与趣味，"创新之路——现代港口知识陈列"展厅中设有港口作业的模拟操作间，参观者可通过操作操纵杆，控制动画中的货物装吊设备。

"创新之路——现代港口知识陈列"展厅一角

现代化港口不仅是综合交通运输的枢纽、城市建设的中流砥柱，更是推动区域经济发展的重要力量，承担着国民经济发展的重任。从"港通天下——中国港口历史陈列"走至"创新之路——现代港口知识陈列"，在历史感和现代感的冲击下，每一位参观者都将在此追溯中国港口变迁的历史并感受中国港口建设的繁荣。

泱泱华夏，悠悠历史

宁波，承接南北水路航线，外接东海航线，优越的地理位置使得这里自古以来就是海上航运的中心之一，也是海上丝绸之路的三大港口城市之一。北仑，曾经是盐碱地上的小乡镇，如今已然成为一座宜业宜居、业翔民安的现代化港口新城区。

"海濡之地——北仑史迹陈列"展厅总面积约 700 平方米，通过重要史实、人物介绍和文物遗存的展陈，高度概括北仑的地理和人文特征，展现不同时期的北仑人恒久的"博纳兼容、开拓进取"品质。新石器时代晚期的沙溪遗址位于北仑区柴桥街道沙溪村，据学者考证，该遗址时期相当于良渚文化晚期。在这里发掘出了大量的陶器，如盆形鼎、鱼鳍形足素面鼎、带耳小陶釜等。原遗址处可见燃烧草木的灰面遗迹，后人推测其为陶器烧铸的残留。留存遗迹从侧面体现出早期北仑居民较高的生产技术水平，这或许得益于北仑优越的地理位置。

"海濡之地——北仑史迹陈列"展厅一角

展厅通过艺术手段还原了镇海保卫战的场景。这是中法战争中的一次重要战役，也是一次中国人民取得全胜的海岸保卫战，更是北仑人民引以为傲的凯歌。1885年春，浙江提督欧阳利见亲自督战部署，击退了法国战舰进攻镇海的凶猛之势，守卫住了镇海。5月29日，伴随着最后一艘法国战舰的撤离，镇海口启关通航。港口贸易带动了实业的发展和经济的繁荣。中国近代较有影响力的商帮"宁波帮"中的小港李氏是发迹早、财力雄厚的家族之一，有着"近代中国实业缩影"的美誉。借由港口的通航优势，经过20余年的拼搏与苦心经营，李氏建立起包括航运、钱庄在内的庞大家业。

路通则经济兴、文化兴。北仑享有独特的地理位置优势，因而具有经济发展和文化繁荣的条件。近现代的北仑涌现出一大批专家学者、文化名人、实业家、革命斗士，其中包括实业家李也亭、画家邵克萍、国家一级作曲家周大风等。这座临港新城沐浴着新时代的春风，已然成为东北亚国际航运中心的重要组成部分、区域性现代物流中心，是极具增长潜力的经济强区。

泱泱华夏，历史悠久。然而，数以万计的历史见证物被无情地掩埋，或封存于尘土之下，或深藏于蔚蓝之中。过往的航海时代中，噬人的风浪掩盖了历史；现代的人们不遗余力地开展水下考古，在历史遗存中寻找有关过往的蛛丝马迹。"水下考古在中国"展厅面积约1800平方米，分为"机构与人员""技术与装备""调查与发掘""保护与交流""规划与展望"5个部分，集中展示中国水下考古与水下文化遗产保护的发展历程和主要成果。序厅灯光幽暗，让参观者恍惚间如置身于幽蓝海底，自己就是一名背着氧气瓶的水下考古队员。透过墙面上的巨大潜水镜观看影像，更有身临其境之感。

该展厅展示当前常用的六大类水下考古装备和设备，即潜水装备、水下探测设备、水下成像设备、水下通信设备、水下工程设备、水下记录和测绘设备。这些装备和设备种类之繁多、技术之精尖令人惊叹。在海洋科学领域广为应用的尖端技术也是水下考古的"常客",如旁测声呐系统、多波束声呐仪、浅底层剖面仪、海洋磁力仪、水下机器人。

该展厅还设有半开放式的出水沉船修复展示区,参观者可透过玻璃观看"小白礁Ⅰ号"等古代沉船的修复流程。一艘船体破损的清代道光年间沉船,静静地躺在水面之下大约20米的海底。数名水下考古队员在古沉船遗址现场忙碌地作业着,其中几名队员在布设探方、监控摄像头、照明灯阵等,其他队员忙着抽泥抽沙、记录、测绘、摄影、提取文物……"小白礁Ⅰ号"水下考古项目是浙江省首个正式获批立项的水下考古发掘项目。该项目以其理念先进、方法科学、技术创新、操作规范的崭

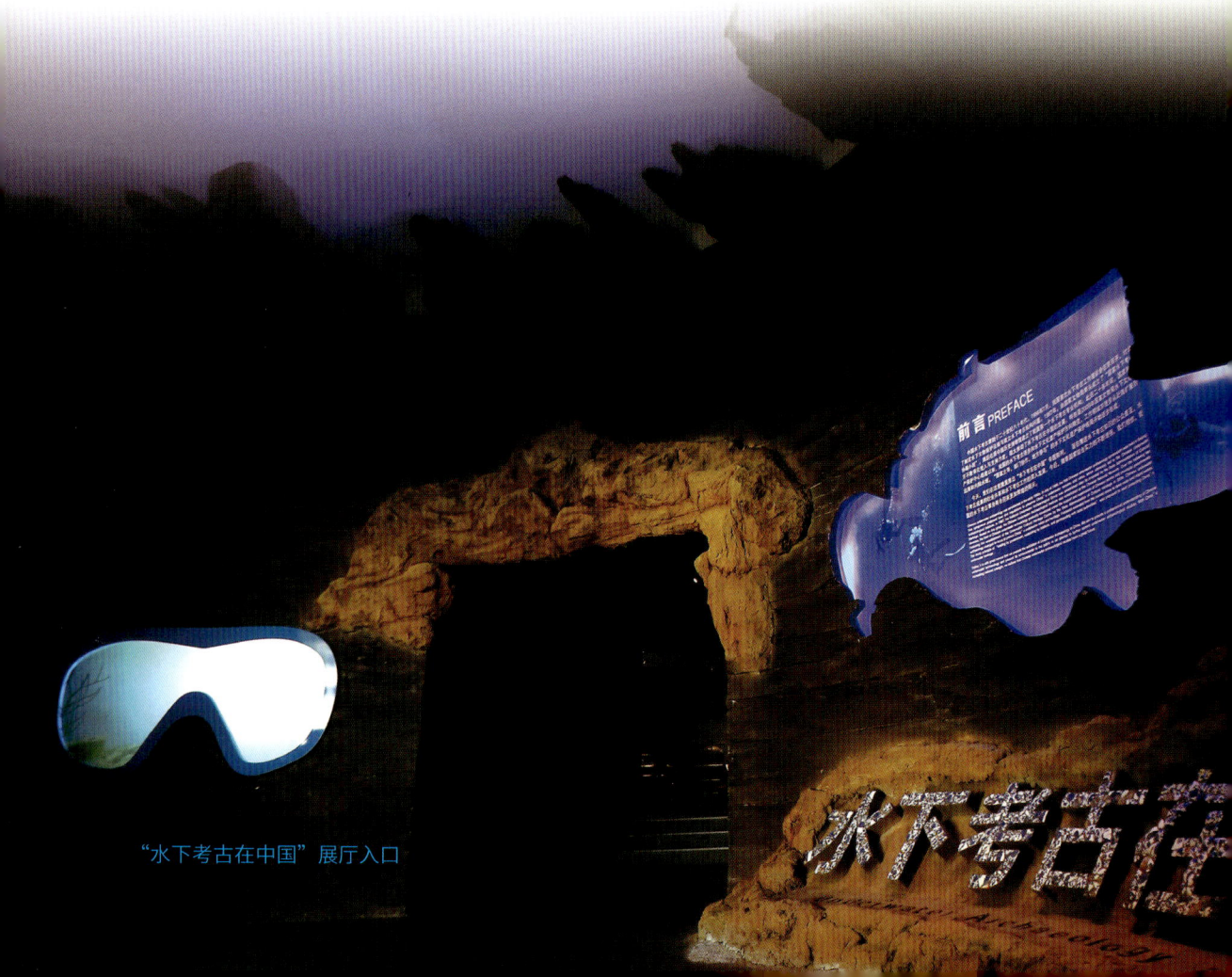

"水下考古在中国"展厅入口

新形象，不仅成为中国水下考古与水下文化遗产保护工作的范例，而且为宁波参与"21世纪海上丝绸之路"建设提供了有力的文化支撑。该项目引入了水下三维声呐扫描技术和正摄影像采集技术，获取了大量的沉船原位三维模型并构建了海底古船三维虚拟复原图像。几类精尖技术的融合应用，为国内沉船考古研究开辟了新的道路。

沉船保护与修复是一项投入巨大、工艺复杂、科技含量高且耗时长的工作。在沉船科技保护与修复区，参观者可见一艘于2003年在宁波和义门瓮城遗址南侧出土的南宋古船。据考证，该船为可航行于内港和近海的小型交通运输船，是海上丝绸之路的历史见证。现代化的技术弥补了这类船只沉没的遗憾，将它们复现在我们眼前，让我们拨开迷雾，看到过去海上文明的辉煌与绚烂。

中国港口博物馆始终坚持趣味性与知识性相结合的办馆特色，"港口科学探索馆"和"'数字海洋'体验馆"为参观者打开从娱乐中学习港口和海洋知识的窗口。"港口科学探索馆"围绕港口科技、航海航运、海洋地理、海上安全等主题，以多媒体数字和机电一体化为核心技术，展出港口装卸、货物检测、浪涌体验、海水淡化、水下打捞等相关展品。"'数字海洋'体验馆"运用虚拟、特种影像等高新技

"小白礁Ⅰ号"复原模型

术，以随机设定事件引发的场景、角色的实时表现和表演系统为核心，展现航海模拟、数字海洋、海洋科幻、港口历史、海洋奇遇、魔幻表演、海底探秘等主题内容。

历史的经验告诉我们，"有港则兴"。港口作为海陆的枢纽，汇集大量的经济、文化资源，进而带动地区的经济发展、文化进步。中国拥有漫长的海岸线、悠久的航海历史和港口建设历史，中国港口经历了一段兴衰荣辱相交织的不寻常历程。如今，中国港口具有高度的自动化、专业化，无不体现着国家经济的强大实力和科技的高速发展。比起令人心潮澎湃的航海故事，港口在大众的认知之中似乎乏善可陈。但细细挖掘，港口的发展与建设充满令人引以为傲的成就，港口的魅力还远远没有被人们充分认识。让我们一起走进中国港口博物馆，一同领略中国港口发展的惊艳历史与傲人成就。

8

中国（海南）南海博物馆

中国（海南）南海博物馆

宋代诗人苏轼初到海南，"环视天水无际"，而地处海南琼海东部沿海的潭门，因其独特的地理优势，常作为过往商船和渔船良好的避风港，成为南海丝绸之路的重要节点。这里的人世代深耕南海，以海为生，把广袤无际的大海视为珍宝。千百年来，一艘艘渔船竞相从这里出发，一条条航路联结南海众多港口。如今，潭门已然发展成为国家一级渔港，并享有"南海之门"的美誉。

在这座千年渔村的阡陌交通之间，伫立着一座"历史的宫殿"——中国（海南）南海博物馆（以下简称南海博物馆）。该馆选

址于风光秀丽的千年渔港，邻近博鳌亚洲论坛会址。该馆于 2016 年 5 月开工建设，于 2018 年 4 月建成并正式对外开放。开馆以来，这座旨在促进海上丝绸之路沿线国家和地区文化交流的综合性博物馆，将南海的人文历史、自然生态与保护南海文化遗产有机融合，展示给世人。

南海博物馆临水而建。从正面观之，它如同一艘多层巨轮停靠在港口，蓄势待发；从侧面而视，它像海南黎族的船形屋，

中国（海南）南海博物馆

古朴又具有地方特色；从上空俯视，它又如同一张即将抛撒向大海的渔网，寄托着人们对满载而归的期待。该馆的外观设计取义"丝路逐浪，南海之舟"，展示着海南当地特色和海洋文化。该馆的外部临水区域种植着一片红树林。潮起潮落，红树林像卫士一样，守护着这座南海文化的"藏宝阁"。

南海博物馆建筑面积超过7万平方米，依地势分为南、北两区，北区主要用于休闲娱乐，展览则主要分布于南区。馆内分设"南海人文历史陈列""南海自然生态陈列""八百年守候——西沙'华光礁Ⅰ号'沉船特展""探海寻踪——中国水下考古与南海水下文化遗产保护""做海——南海渔家文化展（海南）""故宫·故乡·故事——故宫博物院藏黄花梨沉香文物展""源同流异——馆藏清代外销艺术品展""南方有佳木——海南黄花梨沉香体验

中国（海南）南海博物馆

展"8个常设展厅。展览以文物展示为主，结合历史文献资料、实物资料等，用图片、场景复原、艺术装置、多媒体等多种展示手段，营造浓厚的海洋文化氛围，全方位、多角度展示海上丝绸之路的历史文化和南海的自然资源，向参观者讲述这一方水土的故事。

历史深处追溯南海

"涨海"是东汉时期人们对南海的称呼。东汉杨孚《异物志》记载："涨海崎头，水浅而多磁石，徼外人乘大舶，皆以铁叶锢之，至此关，以磁石不得过。"早在东汉时期，先民便在这片南海之滨进行"大舶"往来的早期航海探索和渔业活动，在这里翻开了南海历史的扉页。

南海博物馆1号、2号展厅的"南海人文历史陈列"仿佛一幅长长的历史画卷，将这片海域的人文往事娓娓道来。南海诸岛星罗棋布，然而在那些看似荒无人烟、不见经传的小岛上，仍延续着浓厚的人文气息。

甘泉岛，坐落于西沙永乐群岛西部，是西沙群岛考古的发端之一。在这里所出土的文物以唐宋时期瓷器为主，可上溯至秦汉战国甚至史前时期。这些千年前的文物为世人描绘了登上甘泉岛的渔民在这座小岛上劳作生息的画面。"南海人文历史陈列"着重展示出土于甘泉岛的渔民生活用具和吃剩的鸟骨、螺壳等。这些物件虽饱经沧桑，却是先民生动鲜活的居住痕迹。拨开历史迷雾，甘泉岛如同一口甘泉源源不断涌出的千年古井，承载着生生不息的华夏文明血脉。"华光礁Ⅰ号"沉船的发掘将历史的时钟拨回海上贸易繁荣的宋代。馆中陈列着大量出土自沉船的瓷器，瓷器釉质饱满、精美绝伦，再现了海上贸易的盛景和"中国制造"远渡重洋、走向世界的辉煌。元代天文学家郭守敬曾在元朝疆域内大规模开展天文观测工作，以精确历法。他史无前例地开展了"四海测验"，南海测影所是位置最靠南的一所观测台。"四海测验"让后人得以清晰窥见元朝疆域之大——南至南海诸岛，也是南海诸岛主权属于中国的重要历史证据。

明清时期，各地的造船工艺经过宋元时期的积淀已日趋成熟，长距离的航海活动日渐普遍。这段历史中，不仅有郑和远航西洋的浩浩荡荡，也有清代广东水师提督李准巡南海，悬旗鸣炮、护卫海权的斗志昂扬，更有海南潭门人民的果敢与智慧。在茫茫大海上辨向航行从来都不容易。在那个没有精确的航海图和卫星定位系统的年代，渔民依靠一个罗盘和一本航海经——更路簿，凭借骨子里的那股闯劲，硬是在南海开辟出一条条新航路。据考证，更路簿凝结了数百年中渔民在南海捕鱼、航运所积累的经验，汇集了南海航线、岛礁名称、海流等航海知识。"自大潭门驶乾巽至七潹（七连屿）十五更收"，诸如此类凝练的语句是南海渔民血汗和智慧的结晶。更路簿在民间流传有多个版本，南海博物馆珍藏的《驶船更流簿》就是其中之一。一代代潭门人以拓荒者的气概，扬帆万里，冒着九死一生的风险，以生命搏击大海，在流动的历史长河中，留下了南海航行的宝典。南海的浩瀚、历史的厚重、渔民的智慧与勇敢，全都凝聚在小小的更路簿之中。

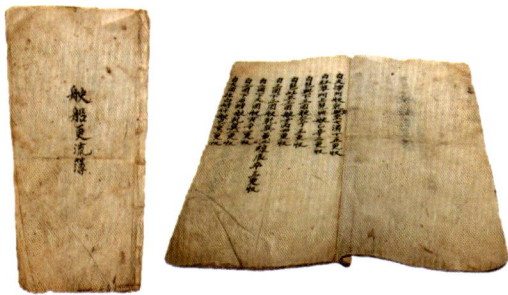

《驶船更流簿》

南海诸岛自古就是中国领土，国人也一直在捍卫南海的领土主权和海洋权益。民国时期，不少仁人志士致力于收复南海诸岛。1946 年，也就是"二战"日本战败次年，林遵、姚汝钰等人奉命收复南海诸岛，并在西沙群岛的主岛永兴岛上竖起海军收复西沙群岛纪念碑，正面刻"南海屏藩"，以示主权。新中国成立至今，中国政府矢志不渝地捍卫南海主权，并与一切觊觎中国南海主权和权益的势力做斗争。

南海居民世世代代以海为田，以鱼作粮，在漫长的历史中沉积下来独属于南海水土的渔家文化。南海博物馆 7 号展厅"做海——南海渔家文化展（海南）"全方位展示了渔家风貌，带领参观者在历史中淘沥出独属于海南渔民的风貌。"做海"源于海南方言，涵盖了所有与海有关的作业方式。进入展厅前，迎面而见的背景板上是一片被夕阳浸染的海面，海面上点缀着数艘归家的渔船，仿佛即将迎来日落后的静谧。背景板前方，一艘饱经沧桑而略显陈旧的实体木船静静停靠着，指引着参观者步入展厅，也无声地讲述着渔村的岁月更迭。

踏入展厅，如同进入潭门渔村。南海博物馆突破性地采用"藕节人"作为人物模型，结合从各处征集而来的渔民生产生活工具，形象地还原了当地渔民的生活场景。无论是渔网、桨、篙、蓑衣，还是鱼钩、铁箭、砍柴刀等，都封存着一段段关于在大海中劈波斩浪、在海岛上开荒拓新的记忆。徜徉于展厅中，每位参观者的想象空间都会被扩大。这些还原的场景让参观者得以想象潜水捕捞、围堰捕捞、行盘、耙螺、张网捕鱼等做海活动。

藕节人模型

海南岛拥有众多的渔村，每个渔村的做海方式不一而足，却相差无几。唯有潭门港的渔民靠着他们天生的果敢与智慧，发展出了独特的做海方式。他们不止驾驶船只到海上捕捞，还能潜入海中作业。能卖得好价钱的海参、马蹄螺和珍贵鱼类往往是他们捕捞的重点。潭门港的渔民从小就习得不带氧气瓶深潜至20米水深进行捕捞的本领，因而常自称"海底的渔民"。潭门港的渔民不仅有搏击海浪的勇气，更有便捷捕获的智慧。围堰捕捞便是渔民智慧的生动体现。渔民在临海的沙滩上，用石头建起围堰。涨潮时，鱼、虾随着海水漫入围堰；退潮时，海水回流，鱼、虾则滞留在围堰中。聪明的渔民利用这样的技巧，省力坐捕。不止于此，渔民更是充分利用潮起潮落的自然现象带来的其他便利：退潮后，渔民只需悠闲地行走于浅海礁盘上，便能捡到一箩筐的海产，这种做海方式就是行盘。

徜徉于"做海——南海渔家文化展（海南）"展厅时，参观者往往会体会到遨游于渔家小知识课堂的快乐。参观者无论是带着好奇与疑问而来，还是追求休闲与趣味，都能在这里满载而归。互动性是该展厅的一大特点。展厅内随处可见各式各样的问题板，如"渔民出海前什么是必须带的""哪些海产是用来交换的""如何判断海水深浅"。问题的答案分布在展馆内，参观者或可以在形形色色的模型展览和解说中找到答案，或需要亲手打开藏着答案的"镜箱"一探究竟。每位参观者在离开展馆之时，总会拾得几句南海渔谚归家，如"南风吹得早，鱼汛必然好""一吃鲳，二吃鲢，三吃马鲛郎"。海南渔民千年以来生产实践的经验与智慧借托这些言简意赅、质朴平实的渔谚口口相传、代代流传。参观者从展厅走来，能看完的是渔民生活的点点痕迹，却看不完这些在南海历史中闪耀着智慧、勇敢、勤劳光辉的海南渔民。

蔚蓝幽处探寻南海

南海是古代海上丝绸之路的主要航道。这片广袤深邃的水域联结着亚、欧、非三大洲的文明，记录着源远流长的中国航海行迹。在人类与大海搏击的过程中，数不尽的往事与秘密尽藏蔚蓝之中，水下考古就成了我们在广袤汪洋中探寻过往的航灯。走进3号展厅"八百年守候——西沙'华光礁Ⅰ号'沉船特展"和5号、6号展厅"探海寻踪——中国水下考古与南海水下文化遗产保护"，参观者将与水下考古人员一同

"探海寻踪——中国水下考古与南海水下文化遗产保护"展厅一角

潜入历史的汪洋之中，探寻南海踪迹，追寻中国过往。

"八百年守候——西沙'华光礁 I 号'沉船特展"以"华光礁 I 号"沉船为主体，通过出水文物和沉船结构剖析展示，为参观者深入解析沉船的发现、出水、船体、船货等信息。

800 多年前，一艘宋代商船满载闽地所产的陶瓷器具远行，航行至西沙群岛附近海域却不幸遇险，最终沉没在永乐群岛南部的华光礁水域。数百年来海水洗刷船体，海流裹挟而来的生物在船体上附着生长，将这艘商船掩埋在无尽的幽蓝之中。1996 年的一天，潭门渔民在华光礁环礁内潜水捕鱼时，将这艘沉睡的商船从时光的梦境中唤醒。自此，接续数十年的"华光礁 I

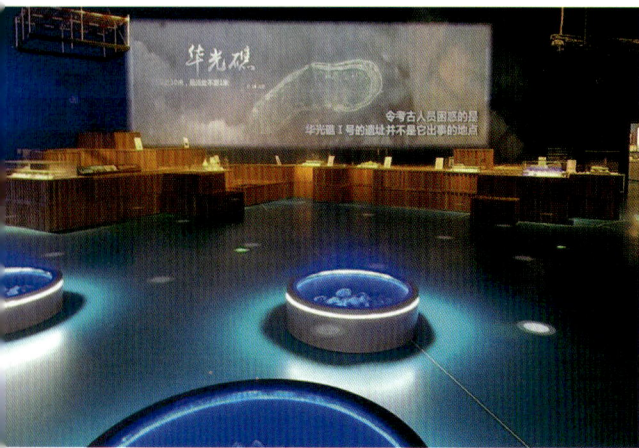

"华光礁 I 号"沉船文物展示

号"沉船发掘与考古工作开始了。船体大部分构件与船舷、船艉在时光和海流洗荡下，已不复原貌，唯有残体可见清晰的水密隔舱结构。"华光礁 I 号"沉船出土文物逾万件，以陶瓷器为主，另有少量铁器、铜钱和木板。在出水的一件青白釉碗上，刻有楷书"壬午载潘三郎造"字样。考古人员凭借这几个字样，得以确认这艘沉船的年代。这艘沉睡了 800 多年的商船，不仅向世人重现了中华古代航海之光，还展示了当年海上丝绸之路帆樯鳞集、梯航万国的恢宏景象。

"探海寻踪——中国水下考古与南海水下文化遗产保护"展厅重点展示中国水下考古发展历程及南海水下考古的主要成果。中国从 20 世纪 90 年代开始组织实施西沙群岛文物普查和水下考古调查。从宋代"南海 I 号""华光礁 I 号"到明代"南澳 I 号"等沉船的挖掘，都足以体现中国水下考古的累累硕果，也将古代海外贸易、文化交流的历史盛景再现于世人眼前。

汪洋广处守护南海

南海是中国四大海区中最大、最深、自然资源最为丰富的，是当地居民的"聚宝盆"，也是他们世代守护的"祖宗海"。10

号展厅"南海自然生态陈列"，以"南海记忆""南海花园""南海宝藏""南海风云""保护南海"为主题，全面地展示南海自然景观、生物与资源的多样性。

在"南海记忆"板块，参观者可通过文字资料追寻南海的前世今生。南海是联系太平洋与印度洋的重要战略通道，其形成受太平洋板块、印度洋板块和欧亚板块运

大量的生物标本，并通过触控、虚拟现实等手段向参观者展示南海较高的生物多样性。南海不仅是生物资源的宝库，还是矿产资源的宝盆，这里得天独厚的地理环境富集了大量的石油、天然气、可燃冰、多金属结核等。说南海"富饶"，实至名归。"南海风云"板块展示中国在南海进行资源探查所开展的各项工作。

"南海自然生态陈列"展厅一角

动的影响。南海区域岛礁丰富，气候适宜，孕育着数以亿计的美丽生灵，分布着青葱翠绿的"南海花园"。"南海花园"板块展示一系列当地植物、鸟类等。南海区域不仅陆上资源富足，在海中更是"鲸豚鱼虾贝蟹螺"不一而足。"南海宝藏"板块陈列

丰富多样的生物资源、珍贵富饶的矿产资源在"南海自然生态陈列"中接续展示，为参观者铺开一幅广袤、深邃、华丽的南海画卷。而对于这片联结多个国家又为当地人所依赖的海域而言，"开发"从来都不是其主旋律。当地人世代怀着对南海的感

恩与尊重，不遗余力地守护着这片"祖宗海"。"保护南海"板块介绍现有南海生物保护工作，包括濒危海洋生物的保护、海洋立体观测体系的构建等。在这片土地上，"保护自然、顺应自然、尊重自然"始终是人们最质朴、最真诚的愿望。

南海博物馆这座细数南海文化和人民智慧的"藏宝阁"，安静地伫立在熙攘渔村之中。"历史"与"自然"在南海博物馆中交叉融合，历史荣光中深含着海南人民对南海的骄傲与珍爱，保护自然的理念中透露着文化的传承与熏陶。它就该属于这儿，它也一直静静守护着广袤的南海、络绎的渔舟、万家的灯火、盛世的繁华，向过往的商旅船只展示着国人的海洋观，更向世人昭示着"一带一路"建设的兼容并包。

9

中国人民解放军海军博物馆

中国人民解放军海军博物馆

全面反映中国海军发展历史的军事博物馆——中国人民解放军海军博物馆（以下简称海军博物馆），位于青岛市市南区莱阳路8号，东邻鲁迅公园，西接小青岛公园，与栈桥遥相呼应，南濒一望无际的大海，北面是青岛信号山公园。海军博物馆于1989年全面建成开放，是人民海军的历史高地、精神高地、文化高地，入选国

中国人民解放军海军博物馆

家一级博物馆、全国爱国主义教育示范基地、全国国防教育示范基地、全国红色旅游经典景区。

2021年6月，在中国共产党成立100周年，实现"第一个一百年"奋斗目标的重大历史时刻到来之际，海军博物馆完成改扩建，以崭新的面貌对外开放，展现在中国共产党的坚强领导下，人民海军70多年的光辉历程。

海军博物馆展区陆域面积约9.4万平方米，海域面积约15万平方米，建有人民海军历史基本陈列、主展馆广场、海军英雄广场、陆上装备展区和海上舰艇展区，馆藏1万余件文物，通过1200余幅图片，近百组内涵厚重的雕塑、浮雕、场景、油画，以及几十段视频，全方位、全过程、全景式展现人民海军的发展历程。走进博物馆，参观者既可以零距离接触飞机、坦克、导弹、水雷、鱼雷等，还可以登战舰、钻潜艇、操作舰炮，多角度探寻人民海军的发展航迹，聆听随硝烟远去的战斗历史回声，感受水兵与海洋为伴的浪漫和保卫海疆的赤诚之心。

中国人民解放军海军博物馆

人民海军历史基本陈列

位于室内主展馆一层和二层的人民海军历史基本陈列，按照社会主义革命和建设时期、改革开放和社会主义现代化建设新时期、中国特色社会主义新时代3个历史阶段，共设4个展厅，面积7000余平方米。这些展厅紧紧围绕"向海图强"的鲜明主题，主要展示在中国共产党的坚强领导下，人民海军在炮火中诞生、战斗中成长、发展中壮大，并一路劈波斩浪，纵横万里海疆，驰骋远海大洋，朝着建成世界一流海军的目标阔步前进的辉煌历程。

艰苦创业，扬帆启航

走进第一展厅，迎面就是毛泽东气势磅礴、遒健有力的题词："为了反对帝国主义的侵略，我们一定要建立强大的海军。"该展厅介绍新中国成立初期人民海军的经典海战，展示人民海军早期装备实物，并且设有人民海军在白马庙成立的还原场景。

中国共产党带领着中国人民浴血奋战28年，终于迎来新中国的曙光。1949年4月23日，中国人民解放军第一支海军部队——华东军区海军在江苏泰州白马庙成立。1950年4月14日，海军领导机关在北京成立。在这一历史时期，人民海军在中共中央、中央军委的领导下，发扬自力更生、奋发图强的革命精神，坚持边作战、边建设、边发展，着力建设一支现代化的、富有攻防力的、近海的、轻型的海上战斗力量，发展海军航空兵、潜水艇、鱼雷快艇等以"空、潜、快"为主的作战力量，顺利完成了解放沿海岛屿、反袭扰反侦察、抗击美机入侵、收复被占岛屿等作战任务，坚决捍卫了国家主权和领土完整。

改革开放，乘风破浪

第二展厅以邓小平题字"建立一支强大的具有现代战斗能力的海军"开篇，通过一系列图文资料以及相关文物或复制品，介绍党的十一届三中全会之后中国共产党领导下的人民海军的一系列变革。在和平与发展成为时代主题、中国进入改革开放的历史条件下，人民海军贯彻新时期军事战略方针，按照近海防御、远海防卫的战略要求，加强全面建设，提高核心军事能力，从水下发射运载火箭到航母入列，从守卫海疆到远海护航，从突破岛链到全球航行，逐步发展成为

第二展厅一角

战略性、综合性、国际性军种，成为一支能够有效捍卫国家主权、维护国家海洋权益、应对多种安全威胁、完成多样化军事任务的现代海上力量。

强国强军，挺进深蓝

这一主题由第三、第四展厅组成。展厅起始处是习近平的寄语："努力把人民海军全面建成世界一流海军。"展厅有各种新式主战装备模型、核潜艇内部沉浸体验项目、新型作战力量的集中展示、环幕影院等等。一幅幅图片、一件件实物、一段段影像，生动展示了人民海军在全面建成世界一流海军伟大征程上经历的历史性变革、取得的历史性成就，彰显了新时代人民海军劈波斩浪、勇闯大洋、向海图强的雄心壮志。

在海军博物馆主展馆左前方的室外展区，排列着分别取自永暑礁、华阳礁、赤瓜礁、美济礁、渚碧礁、南薰礁、东门礁的7块礁石。这7块礁石来自远离大陆的岛礁，但"骨肉相亲"，它们所代表的岛礁都是中国永远不可分割的神圣领土。所展示的每块礁石旁都立有一块主权碑，上面闪耀着国徽，写着"中国"二字，标注着相应岛礁的名字和经纬度。

党的十八大以来，中国特色社会主义进入新时代。中共中央、中央军委把战略目光投向海洋，做出了建设海洋强国、全面建成世界一流海军的战略部署，中国海军的软实力和硬实力都有了质的提升。国产航母、两栖攻击舰、新型战略核潜艇、大型驱护舰、综合补给舰等密集入列，远海防卫作战装备力量体系、近海防御作战装备力量体系和两栖攻击装备力量体系的发展都加快了步伐。

海上舰艇展区

走出第四展厅，站在二楼高大敞亮的窗前，眼前所见就是一望无际的大海和海上舰艇展区。海上舰艇展区面积4万余平方米，建有3座码头，共6个泊位，主要展陈毛泽东乘坐过的长江舰（复制舰）、中国第一艘驱逐舰——鞍山舰、第一艘国产驱逐舰——济南舰、参与南沙海战的第一艘国产防空护卫舰——鹰潭舰、中国第一艘核潜艇——"长征一号"核潜艇、中国第一艘

第三展厅一角

海上舰艇展区

试验潜艇——"长城200号"潜艇等具有标志性意义的舰艇。这些荣誉、功勋舰艇有的经历过激烈的战斗炮火，有的执行过艰巨的训练任务，还有的见证了光辉的历史时刻。如今，它们拂去往日的尘埃，静静靠泊在海军博物馆的码头，无声地履行着它们新的使命。

长江舰

长江舰是1929年由江南造船所建造的，当时被命名为"民权"号。1949年，"民权"号在重庆起义中加入人民海军，并于1950年4月更名为长江舰。1953年2月19日至22日，毛泽东随长江舰航行四天三夜，其间为长江舰题词："为了反对帝国主义的侵略，我们一定要建立强大的海军。"1968年2月15日，为纪念毛泽东视察海军舰艇部队15周年，长江舰被授予荣誉舷号53-219。长江舰是新中国建设强大海军的历史起点和荣誉载体。1978年，长江舰退役，吴淞军港码头上建起长江舰纪念馆。该纪念馆于1991年被改建为海军上海博物馆，成为上海市的国防教育基地。2021年6月，长江舰（复制舰）驻泊海军博物馆，成为"镇馆之宝"之一。

鞍山舰

济南舰

鞍山舰

鞍山舰（舷号 101）是中国从苏联引进的 07 型驱逐舰。1936 年，它由苏联 C-324 工厂开工建造，1941 年 9 月作为旗舰加入苏联太平洋舰队，被命名为"果敢"号，在"二战"中立下了卓著的战功。1954 年 10 月 13 日，作为中国向苏联订购的 4 艘驱逐舰的首舰，它来到青岛，并更名为鞍山舰。周恩来、刘少奇、邓小平等党和国家领导人先后登舰视察。1957 年 8 月 4 日，周恩来乘坐鞍山舰在青岛附近海面检阅海军舰艇和航空兵部队。鞍山舰多次执行重大战备、训练任务，为捍卫祖国海疆做出了重大贡献。1992 年，鞍山舰退役后驻泊海军博物馆，现为国家一级文物。

济南舰

济南舰（舷号 105）是中国自主研制的第一代 051 型驱逐舰首舰。它作为中国第一艘具备载机能力的导弹驱逐舰，最重要的任务就是试验。它的诞生标志着中国逐步摆脱对外国装备技术的依赖，走上独立自主的强军之路。济南舰在服役的 30 多年间，完成装备试验任务 2000 多项，获得 300 多万条宝贵数据，为后续舰船的改进和定型生产提供了可靠的理论依据和珍贵的实践经验，被誉为"国防现代化装备试验的开路先锋"。济南舰于 2007 年 11 月 13 日退役，2008 年驻泊海军博物馆，现为国家一级文物。

鹰潭舰

鹰潭舰（舷号 531）是中国自主研制的第一艘 053K 型导弹护卫舰，1970 年开工建造，1975 年入列。1988 年 3 月 14 日，鹰潭舰与南充舰协同作战，在南沙群岛赤瓜礁海域击沉入侵敌舰 1 艘，重创 2 艘，为保卫祖国领海主权做出了突出贡献，受到中央军委通电表彰。1994年退役后，鹰潭舰驻泊海军博物馆，现为国家一级文物。

"长征一号"核潜艇

"长征一号"核潜艇（舷号401）是中国自主建造的第一艘攻击型核潜艇，1958年开始研制，1970年12月26日下水，1974年8月1日入列。"长征一号"核潜艇的诞生，标志着中国成为世界上第五个拥有核潜艇的国家。服役期间，它创造了中国潜艇史上航时最长、航程最长、一次性

"长征一号"核潜艇

潜航时间最长、水下平均航速最高等纪录，多次完成重大战备训练和试验任务，累计安全航行21万海里。1994年7月，中央军委授予"长征一号"核潜艇"水下先锋艇"荣誉称号。"长征一号"核潜艇于2003年退役，2016年驻泊海军博物馆。

"长城200号"潜艇

"长城200号"潜艇是31型柴电动力弹道导弹试验潜艇，主要承担潜射战略导弹水下发射试验任务。它于1960年开工建造，1966年入列。1982年10月12日，它首次成功完成水下发射运载火箭试验，向世界宣告中国成为世界上第五个拥有水下二次核打击能力的国家。之后，它又多次圆满完成"巨浪"系列导弹水下发射试验任务，创造了中国潜艇服役时间最长、潜射导弹最多等纪录。2014年，"长城200号"潜艇被中央军委授予"水下发射试验先锋艇"荣誉称号。2020年，它加入海军博物馆的展陈行列。

陆上装备展区

陆上装备展区占地面积约 1.3 万平方米，分为海军小型舰艇展区、海军航空装备展区、海军陆战装备展区、海军岸防装备展区 4 个部分。海军小型舰艇展区陈列着中国唯一的木壳鱼雷快艇（舷号 245）。人民海军第一次海上大阅兵时，周恩来乘坐的就是这艘鱼雷快艇。这里还展示着创造了"小艇打大艇"海战奇迹的"解放"号炮艇，以及中国自行研制的 21 型导弹快艇、全垫升式登陆艇等小型水面舰艇。海军航空装备展区主要展示曾执行运送抢险救灾人员、物资和国际友人等重要任务的"歼侦 -5"歼击机、"轰侦 -5"轰炸机、"超黄蜂"直升机、"直 -5"直升机、

"青 -6"水上飞机等。海军陆战装备展区陈列着 ZTD-05 式两栖装甲突击车、ZBD-86 式步兵战车、63A 式水陆坦克、63C 式装甲输送车，以及曾广泛装备海军陆战队和西沙守岛部队的 T-34 坦克等陆战装备。海军岸防装备展区主要展示人民海军岸防部队使用过的导弹发射车、指挥控制车、高射炮、炮瞄雷达等装备，如用于封锁港口和海上航线、机动打击大中型水面目标的 YJ-62A 岸舰导弹发射车。这些武器装备先后在解放沿海岛屿、保卫海疆安全、保护人民生命财产等任务中发挥过重大作用。

位于主展馆后的海军英雄广场上，矗立着一座名为《亮剑深蓝》的主题雕塑。雕塑主体如一把巨大的深蓝利剑直指蓝天。

海军陆战装备展区

雕塑正面镌刻着"忠诚使命、英勇善战、建功海洋"12个大字，左右两侧各立着一座英雄群像，背面两侧浮雕镌刻着海军经典战例和英烈形象，雕塑底座有长8.1米的深蓝火台。从海上看过来，利剑如舰桅，底座似舰艇，雕塑整体犹如劈波斩浪的战舰，象征着人民海军攻无不克、战无不胜的英雄气概，充分展示人民海军的血性胆魄和精神特质。

青岛市市南区莱阳路8号原是德国船坞工艺厂徒工学校，在青岛解放前是德、日侵略者以及国民政府的军港和海军军事要地。青岛解放后，这里成为中国人民解放军海军快艇学校所在地，也是鱼雷艇的发源地。1989年，反映人民海军从无到有、从弱到强成长历程的海军博物馆，以俯瞰历史的姿态在此诞生。30多年过去了，这里已成为彰显新时代人民海军崭新精神风貌的重要窗口、展现人民海军建设发展历史成就的文化基地、致敬人民海军英雄先烈的精神殿堂、增强全民海洋意识和海权观念的教育课堂，鼓舞着无数人传承红色基因、牢记初心使命。

《亮剑深蓝》主题雕塑

广东海上丝绸之路博物馆

广东海上丝绸之路博物馆

宋元时期，无数商船从中国港口起航，满载着东方的货物在海上穿梭。宽广的海洋联结世界，却也凶残无情地让航线中的船只倾覆于海洋的幽蓝之中。在海上丝绸之路航线中，总能寻觅到那些沉埋于海洋深处的历史记忆。

1987年，一艘南宋沉船在广东阳江海域附近被偶然发现，那段沉睡于海洋之中的历史被挖掘出来，现于世人面前。这艘沉船被命名为"南海I号"，其年代较早，

船体大，保存较完整，具有特殊的研究价值。基于该沉船，广东海上丝绸之路博物馆诞生。阳江是古代海上丝绸之路主航线上重要的中转港和补给港。广东海上丝绸之路博物馆就位于阳江市江城区南海一号大道西，是以"南海Ⅰ号"宋代沉船的发掘、保护、展示与研究为主题，展现水下考古现场发掘过程的中国首座水下考古专题博物馆，也是目前世界三大著名沉船博物馆之一。

广东海上丝绸之路博物馆临水而建，从正面看，由5个大小不一的椭圆拱体连环相扣，侧面而观，像海风吹过时起伏的海面，从上俯视，又如展开双翼的海鸥在海滨翔翔。该馆的建筑设计将船只的龙骨结构和南方独特的干栏式建筑形式相结合，将雄浑宽广的海洋文化和柔美的南方建筑风格汇集。

广东海上丝绸之路博物馆总建筑面积超过1.94万平方米，主要展出的文物是沉寂于海底800多年的宋代商贸海船"南海Ⅰ号"原体及在其上发现的文物。从广东海上丝绸之路博物馆馆身所看到的5个拱体实际上包罗博物馆的陈列展示及办公区域，中间最大的拱体便是为沉船量身定做的"水晶宫"。"水晶宫"的一侧为文物展示厅，主要展示从"南海Ⅰ号"打捞出水的文物。基于"边发掘、边保护、边展示"

广东海上丝绸之路博物馆

广东海上丝绸之路博物馆

的水下文化遗产保护模式，广东海上丝绸之路博物馆主要设有"扬帆""沉没""探秘""出水""价值""遗珍""成果"七大主题展区，将"南海Ⅰ号"扬帆远航、搏击风浪和货通万国的壮丽画卷在这南海之滨徐徐铺展开来。

一艘船，坐落南海之滨

1987 年，沉寂了 800 多年的"南海Ⅰ号"宋代沉船在距阳江海陵岛 30 多海里的海域被广州救捞局与英国海洋探测公司意外发现，随即便开始了持续的打捞和探测考古工作。"南海Ⅰ号"是目前发现的最大的宋代船只。令人惊奇的是，这艘沉没海底近千年的古船船体保存得相当完好，船体的木材仍坚硬如新。

"南海Ⅰ号"是一艘典型的木质古船，船体残长约 22.1 米，保有最大宽度约 9.35 米。船体具有典型的水密隔舱结构，属于福船。参观者在广东海上丝绸之路博物馆的主要区域"水晶宫"可一览该船的风貌。对于这艘船沉没的原因，人们见解不一。考古发现，这艘船并不具备压舱石，即装在底舱的石头。压舱石能够让船体维持下重上轻的姿态，具有更好的稳定性，但这往往也意味着更频繁的船体摆动。为了装载更多的货物和降低陶瓷等易碎品的货损率，中国古人在装载货物时更习惯将较重的铁器置于瓷器之上，以提高船体重心，减少船体摆动对瓷器等的损坏。在沉船原位考古时发现的海底铁器已形成凝结物，覆盖于瓷器之上。这样朴素的装载方式却给航行留下了隐患——重心过高，船体在风浪中很难保持稳定，船只遭遇强烈的风浪就容易沉没。这种极为冒险的装载方式让大量货物得以完整保存，为后人留下一笔不可估量的物质和精神财富，同时也说明福建、广东沿海地区曾经存在一条非常繁忙的海上丝绸之路。

"南海Ⅰ号"沉船所在区域海水能见度很低，部分船体深陷于海底淤泥下1米多处，且海水流动活跃，风急浪高，十分不利于原位考古工作的开展。长年累月的海水浸泡、生物附着和扰动更是让这艘本就古老的沉船变得更加脆弱。为了更好地开展考古工作，中国首次采用了整体打捞的方式，即将沉船船体固定后，将分散、易碎的遗物一体化，一次性吊浮起来，然后运到能人为控制的新水体环境中进行科学的水下考古发掘和保护。"水晶宫"正是为这艘具有重要价值的沉船所准备的。于是，这艘沉船"入住"南海之滨的广东海上丝绸之路博物馆。即使处于室内，为了尽可能地保持文物的原始埋藏环境，船体也要

2015年冬季"南海Ⅰ号"发掘遗址正射投影图

"水晶宫"里的"南海Ⅰ号"

保持在水下。"水晶宫"的设计采用现代光影技术，在穹顶下打造航海和星空场景。透过玻璃天窗俯瞰"南海Ⅰ号"沉船考古现场，参观者既可观赏星空下的帆影重重，收获一番"水下看沉船"的视觉体验，又能体味古人牵星过洋的意境。

一艘船，满载历史记忆

"南海Ⅰ号"满载货物。据考，从该沉船上发掘出来的金属制品约120吨，包括金器、银器、铜器、铁器、锡器等；已出土的瓷器有7万余件，估计只占总量的1/2。这艘船所载的货物像一个传声筒，跨越时

间，向世人讲述宋代海上交流的繁盛和时代审美。

"南海Ⅰ号"出土的瓷器多样，主要来自福建闽清的义窑系、德化的德化窑系、晋江的磁灶窑系，江西景德镇的景德镇窑系，浙江龙泉的龙泉窑系，等等。这些瓷器窑系均代表着古代中国瓷器制作技术的顶峰。其中，义窑系、德化窑系、磁灶窑系均为福建地区的有名窑系，所在地也是宋元时期中国沿海外销瓷器的重要产地。

义窑主要烧制青白釉瓷，以日用粗器为主。青白釉瓷常采用刻划、压印、堆贴和捏塑进行装饰。馆中所陈列的一系列青白釉葵口碗或有花瓣釉刻，或光滑无痕，腹

义窑系青白釉刻划花卉纹葵口碗

景德镇窑系青白釉印缠枝花卉纹折沿芒口盘

盘较浅，造型精致。德化窑的制瓷工艺更为成熟，不仅盛产青白瓷，还兼烧青花和彩绘瓷器。宋元时期，泉州港海外贸易使得瓷器的外销需求增大，德化瓷为满足外销需要也发展出了许多具有明显异域风格的瓷器。青白釉三联杯印花子母盒是德化瓷的代表之一。该瓷器为子母口，盖顶以折枝花卉图样为印花，盖缘印以菊瓣纹，盒内黏附3个小杯，小杯上可以分别放置粉、黛和朱砂。据考，这是宋代专供妇女化妆时使用的日常器皿，由此足见宋代人民的生活风貌。磁灶窑所制瓷器同样稍显粗放，但胜于生产工艺博采众长，独具地方特色，并且在长期海外贸易的影响下发展出了许多具有异域特色的瓷器。居宋代六大瓷系之首的景德镇窑系所产的青白瓷胎质细腻，釉色介于青、白二色之间，青中闪白，白中泛青，釉质清澈似湖水，莹润如玉，样式之精美、釉色之细腻，足见中国制瓷工艺的精妙绝伦。龙泉窑在中国制瓷历史上久负盛名，该窑以龙泉青瓷闻名。南宋龙泉青瓷的造型丰富多样，浑厚淳朴而又不失秀媚，装饰普遍采用刻花、划花和雕贴等技法，颇具艺术匠心。通过馆中所陈列的青釉内出筋菊瓣纹花口碟、青釉内出筋菊瓣纹盘，均可见南宋龙泉青

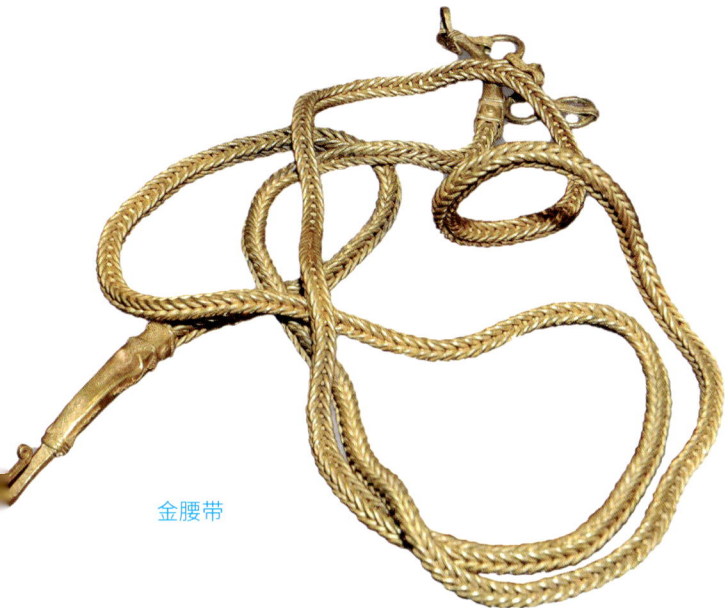

金腰带

瓷的精美冠绝群伦。

两宋时期，由于经济的发展，以金银器为代表的金属制作行业十分兴盛，金银饰品在王公贵族和百姓庶民的生活中均十分常见。从"南海Ⅰ号"沉船中出水的大量金银器足以反映当时的金属制作工艺。1987 年船体试发掘时，一条工艺精良的腰带闪耀着金光惊动世人。金腰带呈麻花状，带扣装饰精致细密的浮点状纹饰，颇似中东地区的器物样式，极具异域风情，即使沉于深海数百年，仍不改其璀璨。据专家推测，这条金腰带可能由中国生产，本将远销中东地区。一同出土的还有手环、戒指等饰品。金虬龙环为手环，两头为虬龙头，可见清晰的龙眼、龙须、龙角等，足见当时中国器物的"霸气"与精美。从"南海Ⅰ号"中出水了数枚金戒指，在馆展示的一枚戒指造型十分特别。戒指上均匀分布着 8 个洞，有的洞明显可见镶嵌其中的珍珠和宝石，引发人们对那个遥远时代商人富贾精致生活的无限遐想。

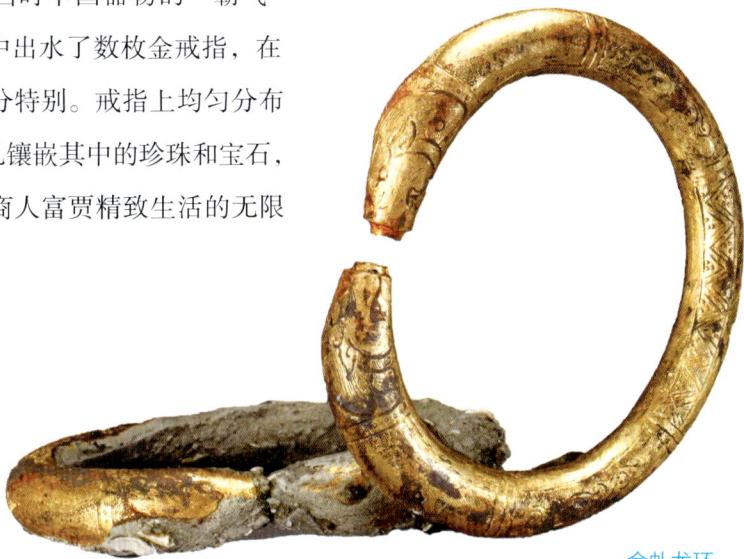

金虬龙环

一座馆，连通古今文明

"南海 I 号"沉寂了 800 余年，并经历了 30 余年的发掘和整体考古工作，在广东海上丝绸之路博物馆中架起了连接中国古今文明的桥梁。透过"南海 I 号"，往前 800 余年，我们看到的是商贾云集的盛世，是古老浪漫的中国文化向外传播的盛况；再看发掘至今，我们见证的是中国水下考古从无到有、迈入世界前列的发展历程。

有人说，沉船像时间胶囊，它把某个时代的"切片"完整地保存下来；也有人说，沉船是最小的等级社会的体现，它展现了高度浓缩的生存空间。沉船遗址向后人展示的不仅是一艘船、一些船载货物，还是时代和航路等时空信息、当时人们的生活情景和精神风貌，因此可以说沉船是珍贵的文化载体。广东海上丝绸之路博物馆的七大展区主要通过图片、文字和场景复原，再现了"南海 I 号"的前世今生。"扬帆"展区的东侧竖立着庞大的风帆阵，寓意扬帆远洋；西侧则通过模型复原了古港口的实景，再现商贾云集、商贸繁荣的码头场景。"沉没"展区设置操舵航海的多媒体装置，参观者可体验驾船航行于大洋之上。在"探秘"展区中，参观者可通过透明玻璃幕墙观看考古过程，观察考古人员的实时工作。同时，船形剖面展柜里陈列着大量精美的古船货物，琳琅满目。"出水"展区通过 3D 影片为参观者再现"南海 I 号"出水的艰辛。"价值"展区则以模型和图文相结合的方式向参观者介绍古代船只结构和造船技术。"遗珍"展区模拟船员生活舱整体剖面，生动再现"南海 I 号"远航过程中船员在船舱内生活起居的细节。"成果"展区则直观展示出水文物经专业的保护处理前后的状态对比。

广东海上丝绸之路博物馆展区一瞥

参观者在被华丽的金器、精美的瓷器所震撼之余，还能拓开想象的疆界，想象800多年前人们的生活与精神风貌，将"时间胶囊"层层剥开。

将水下考古过程暴露于公众视野是该博物馆的一大特色。在这里，参观者能直击考古发掘现场，与水下考古工作者近距离交流互动，了解水下考古知识。"水晶宫"内的水深、水质、温度及其他环境参数经人工设置，能模拟沉船当时所在的海底环境，水下考古工作者在此进行考古发掘工作。他们对考古过程中的木船状况进行实时监测，小心地用套箱提取船体残留的木构件等木制文物，清理出瓷器等货物，再将其带回修复实验室中进行后续的文物修复工作，如陶瓷文物的脱盐、铜器和铁器的保护浸泡处理。在"水晶宫"玻璃墙的外侧，常有不少参观者眼中写满好奇，驻

"南海Ⅰ号"考古工作现场

足观看考古工作者发掘、测量、清洗、装载……在这座遗址类博物馆，"水晶宫"的透明墙体设计让参观者得以窥见神秘的考古发掘过程，实现了设计之初"边发掘、边保护、边展示"的构想。水下考古这一项很少为人熟知的工作通过这种方式展现在了参观者面前，走入了群众之中。

"东西南数千万里，皆得梯航以达其道路"，若未遇意外沉没，这艘满载金银器与瓷器等南宋特产的商船将在海上丝绸之路航线上与万国相会，然而，它却被无情地卷入蔚蓝之中。经过技术日益精进的考古发掘，它的光芒被重新拭亮，在如今更显珍贵。这艘沉船的发现，为中国古代造船工艺、航海技术研究以及木质文物长久保存的科学规律研究提供了典型标本。同

时，这艘沉船的背后确有一段"云帆高张，昼夜星驰，涉彼狂澜，若履通衢"的航道——海上丝绸之路，流动着灿烂的中华文化。因此，它的发现也为复原海上丝绸之路的历史提供了素材。透过浮动的帆影，我们追随古人探索大洋的航迹，打开古代中国航海历史的大门。

一艘船、一座馆，架起一座连通古今的桥梁，桥的那头是历代先民依托海洋、不畏艰险，推动贸易交换、文化交流的灿烂海洋文明，桥的这头是具有中国特色、中国风格、中国气派的水下考古事业和水下文化遗产保护理念。如果想要了解海上丝绸之路和中国航海文化探索的古今，那就来广东海上丝绸之路博物馆一览风华吧！

11

海上丝绸之路博物馆（蓬莱古船博物馆）

海上丝绸之路博物馆（蓬莱古船博物馆）

蓬莱，古称登州，地处胶东半岛最北端，与辽东半岛、朝鲜半岛一衣带水、隔海相望。依托优越的地理位置，蓬莱成为避风良港和航海通道，逐渐发展成为东北亚海上交流的重要节点城市，见证了古代海上丝绸之路萌芽、发展、兴衰的历程。

作为蓬莱水城的重要组成部分，登州港（俗称小海）曾在 1984 年和 2005 年进行两次大规模清淤，共发掘出了 4 艘元明时期的古船。其中，1984 年出土的元代战船于 1988 年复原展示。为进一步做好 2005 年出土的 3 艘明代古船的保护工作，原蓬莱市文物部门聘请专家编制了古船保护方案，通过国家文物局审批，经过 6 年的脱水、脱盐保护工作，完成对古船的原址复原展示，建成了以"登州古港""蓬莱古船"为主题的专业性遗址博物馆——海上丝绸之路博物馆（蓬莱古船博物馆）。

2012 年 5 月 18 日，海上丝绸之路博物馆（蓬莱古船博物馆）正式对外开放。博物馆在 4 艘古船的发掘遗址上建成，营造出古船出土的真实场景，成为国内古船遗

如今的蓬莱水城

址博物馆的代表。博物馆围绕"登州古港"和"蓬莱古船"两大主题，分为"登州海道""起航之港""循海岸水行""北方第一大港""往返皆自登州""海防重镇""海漕中枢"等7个单元布展。展示区分5个部分：古代中国北方第一大港、中国古代造船史、蓬莱水城海底沉船、互动区和户外体验区。馆内通过大量实物、模型、雕塑、遗址展示、场景复原等陈列方式以及多媒体手段的运用，全面系统地介绍出土古船的历史以及它们与登州的关系，特别是登州在中国古代海上丝绸之路和海防中的地位和作用，再现登州古港的繁荣景象。博物馆集科普性、知识性、教育性、休闲娱乐性于一体，是向世人传播船文化的重要场所。

古港回眸——古代中国北方第一大港

"古港回眸"展厅以展示登州港历史文化为主题，以朝代顺序为主线，展示从新石器时代开始历朝历代所出土的文物，包括新石器时代的石斧、陶罐，西周时期的鼎，汉代的灰陶罐，宋代的牡丹纹执壶，等等。展厅还重点展示登州海道的形成与发展，以一张登州海道地图开启参观者东

海上丝绸之路博物馆（蓬莱古船博物馆）

方海上丝绸之路的旅程。展厅主要从海上丝绸之路的角度展示宋代以前登州港在中、日、朝贸易文化交流中的作用；从海防的角度展示明代以后登州港在中国海防中的地位。展陈运用雕塑、壁画、模型、沙盘、大型幻影成像、场景复原、古船线条勾勒、发掘遗址展示等多种艺术手段，以及声、光、电、多媒体互动等现代化手段，用动态的影像营造活的历史。

早在史前文化时期，山东半岛与朝鲜、日本的先民就通过登州海道开始了交流。那时候的人已经具有认识海洋和走向海洋的意识，并通过逐岛而行的方式，实现对海洋的探索。

齐桓公时期，人们以登州港为主要出海口，以丝绸为主要商品，通过海路开展贸易往来。此时的海上活动已经上升为国家

灰陶罐

之间有目的、有组织、有规模的交流活动，孕育了东方海上丝绸之路的萌芽。

到了秦代，秦始皇东巡海上，寻找海上蓬莱仙山和长生不老之药，派遣徐福东渡，为后世更大规模的人员往来和文化交流拓宽了航路。至汉武帝时期，出现了两条海上丝绸之路：一条是南海到印度的航线；另一条就是以登州港为起点，通往朝鲜、日本的航线，被称为"循海岸水行"的黄金通道。登州港是这条通道的重要枢纽，承担了输送"移民""贡使""贸易"的多重使命。自此，以登州海道为纽带的古代海上丝绸之路已经发展成熟，人们实现了从逐岛而行向沿海岸线航行、从内海向外海推进的海上交流。一直到唐代，这条航线都是官方往来的必经之路。

唐中宗神龙三年（707），登州治所移至蓬莱。作为东方海上丝绸之路的一个起点，登州港对周边各地政治、经济、文化交流的作用更为重要，成为中国北方与海外物资交流的主要集散地，呈现"日出千杆旗，日落万盏灯"的繁荣景象，东方海上丝绸之路也到达了兴盛时期。据统计，隋唐时期，朝鲜半岛诸国使团、日本使团经登州往返多达90次，涌现出新罗士人崔致远、日本高僧圆仁等著名人物。港口的繁荣带动了城市经

济的发展，推动了社会生活的繁荣。当时的登州城内，馆铺交错，商贾云集，来自朝鲜半岛、日本、渤海国的使节、僧侣、商人在此通关，外事活动频繁，朝廷设置了新罗馆、渤海馆等外事机构和勾当新罗所等侨务机构，登州也由此成为国际化的通商口岸。

宋代初期，登州港的商贸依然比较繁荣。为了抵御北方少数民族的南进，宋仁宗庆历二年（1042）始建刀鱼寨作为停泊战舰、屯驻水师的场所，登州港具有了军港的功能。刀鱼寨的落成也标志着登州古港从自然港变成人工港。

自元代开始，海上漕运兴盛，登州港成为重要的中转港，承担着漕粮装卸、仓储以及漕船修理、补给等重要任务，大量的漕船在登州港停泊、进出。1984年登州港清淤时出土的两根黄花梨造船木，印证了当时登州港的漕运盛况。

明洪武九年（1376），为抵御倭患，朝廷在此建立了备倭城（俗称水城），设立了全国最早的海防军事指挥机构——总督登莱沿海兵马备倭都指挥使司，管辖山东沿海三营二十四卫所。登州港成为备倭城的一部分，其军事功能更加凸显。民族英雄戚继光就曾在水城操练水军、保卫海防。此时，登州港依然具有商港的功能，主要承接朝贡贸易。

蓬莱阁景区中的戚继光纪念馆

清代，海禁政策进一步加强，登州港的军事和商贸功能都开始衰落。到了清末，随着中国半殖民地程度的加深，古代海上丝绸之路也日益走向末路。

船业史话——中国古代造船技术史

"船业史话"展厅通过半体船模展示，介绍了中国古代造船的起源与发展。从早期的羊皮筏、独木舟、竹筏，到后来结构越来越复杂的船只，清晰地展现了中国船舶的发展史。

早在新石器时期，我们的祖先就广泛使用独木舟和筏驶向海洋，为中国的航海业奠定了基础。据考证，筏——舟船出现以前的第一种水上运载工具，就是新石器时期中国东南部的百越人发明的。

三国时期，吴国雄踞江东，积极发展水军，船舰技术已相对先进，赤壁之战便使用了专门的战斗舰。

隋代虽然持续时间不长，但造船业很发达。隋炀帝开凿大运河时所造的巨大龙舟共有4层，据说船上有100多间房，堪称"移动的水上宫殿"。该龙舟采用的是榫接结合铁钉钉连的方法。用铁钉比用木钉、竹钉连接要牢靠得多，隋代已广泛采用这种方法。

唐代后期，因产地而得名的福船和广船以载重量大、结构坚固和航海性能好而闻名中外，是适应中国南方海阔水深、多岛屿地理环境的两种船型，多行走于深水航线。其中，

造船场景复原

广船在用材上以铁力木、荔枝木、樟木为主，用铁钉铆牢。船型首尖体长，吃水较深，梁拱小，甲板脊弧不高，有较好的适航性能和续航力。船体横向以密距肋骨与隔舱板构成，纵向强度依靠龙骨。舵板上开有成排的菱形小孔，操纵省力。

到了宋代，广州海船建造技艺更趋成熟。由广州开往西洋的船舶统称"番船"，与泉州"海舶"、明州"船舫"齐名，特别重视加强船舶的纵向强度。船底部以从头到尾的龙骨为主干，船壳由多层板料叠加而成，采用"榫合钉接"法，将构件坚实地连接起来，精工细作的舱缝工艺保障了船舱的水密性，升降舵、平衡舵和披水板提高了船舶的操纵性。

元代由草原民族开创，但他们积极拥抱海洋。元代在东南亚、印度洋一带航行的几乎都是中国的四桅远洋海船。中国航海船舶的性能远远优于阿拉伯船。1984年出土的"蓬莱一号"古船，经鉴定就是元代用于沿海巡防、护航的战舰。

明代的造船技术在中国古代造船史上达到了最高水平。明代船型主要有广船、沙船和福船。广船起初是广东地区民用船的泛称；到了明代，特指抗击倭寇时所使用的战船；后来逐渐演化为一种船型的统

称。沙船是中国古代一种重要的船型，具有平头、方艄、平底、船身较宽、多桅多帆、吃水较浅的特点。沙船行驶平稳，特别适合在水浅滩多的地方航行。福船是历史上福建沿海地区所制造的木帆船的统称，尖底的设计使它适宜远洋航行。福船是中国古代著名的船型，其中最能体现明代高超造船工艺的是郑和宝船。它是郑和船队中最大的海船，也是旗舰，相当于现代海军舰队的主力舰。宝船供船队的指挥人员乘坐，同时也用来装运宝物，有明朝皇帝赏赐给西洋各国的礼品，有西洋各国给明朝皇帝的贡品，还有船队在海外贸易交换来的物品。这也是"宝船"名字的由来，意为"运宝之船"。

舵

海上丝绸之路博物馆（蓬莱古船博物馆）还重点从龙骨（支撑船体）、舱料（密封材料）、水密舱（舱室隔离）和帆、舵、锚、指南针等不同角度，展示了中国对世界造船技术和航海事业发展的卓越贡献。

水密舱壁

水密舱壁是一种在规定水压下不渗透水的舱壁，将船体内部空间划分成若干个水密舱室。水密舱壁是中国古代造船工艺上的一项重大发明，也是造船技术的一大突破。水密舱壁的出现，才产生了水密隔舱，使船舶在破损时仍具有足够浮力和稳定性。

首先，水密舱壁能起到加固船体的作用。舱壁与船壳板紧密连接，不但增加了船舶整体的横向强度，而且取代了加设肋骨的工艺，使造船工艺简化。其次，水密舱壁将舱与舱之间严密分开，在航行中，即使有一两个舱破损进水，水也不会流到其他舱，船仍然保持一定的浮力，不致沉没。如果进水太多，船支撑不住，只要抛弃货物，船就不至于很快沉到海底。如果船破损不严重，进水不多，只要把进水舱里的货物搬走，就可以修复破损的地方，不会影响船继续航行。因此，水密舱壁既能提高船的抗沉性能，又利于保障远航的安全。再次，采用水密舱壁将船舱划分成许多舱室，货物的装卸和管理比较方便。不同货主可以同时在各自舱室中装货和取货。

龙骨

龙骨是船底中央连接艏柱和艉柱的一个纵向构件。其作用主要是支撑船身，使船更坚固，具有一定的抗风浪能力。中国古代船舶的龙骨结构是造船业中的一项重大改良，对世界船舶结构的发展产生了深远的影响。

馆内的"蓬莱二号"古船的主龙骨支撑艏柱与艉龙骨，接口处采用榫卯结构，用

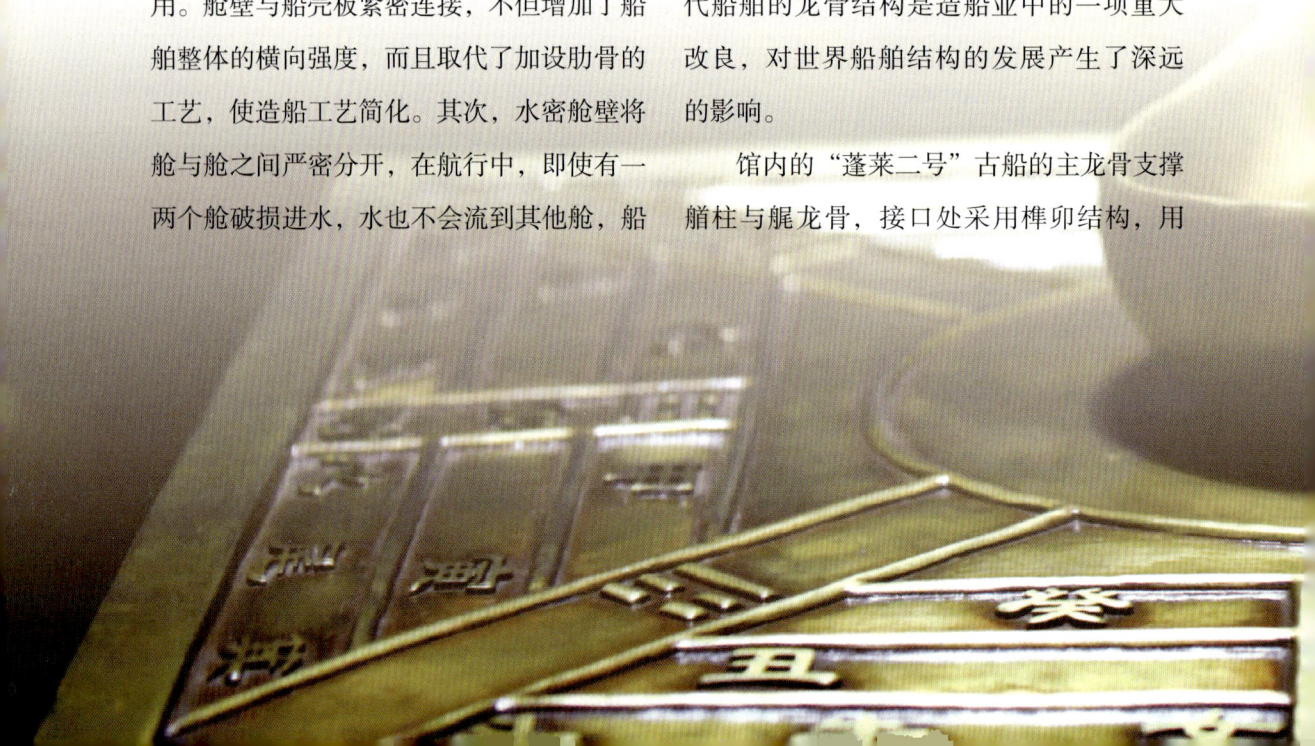

铁钉和铁箍固定，再在交接处的上方用隔舱板加固。造船工匠们还在主龙骨与艏柱和艉龙骨的接头部位增加了补强材料，从而多方位地确保船的坚固性。

指南针

发明于战国时期的司南是指南针的前身，它主要由指示方向的勺形器具和底盘组成。到了北宋初年，由于军事与航海的需要和材料与工艺技术的发展，司南进一步演进。人们先后利用人造的磁铁片和磁铁针制成了在性能和使用便捷度上优于司南的指南鱼。在指南鱼发明后不久，人们又发明了一种制法更简单、使用更方便、用途更广泛的指南针，同时在理论上也取得很大突破。北宋著名政治家、科学家沈括的著作《梦溪笔谈》中有相关记述，大意是利用天然磁石磨铁针，铁针就能指向南方。该著作还记述了指南针并不正好指向南方，而是略微偏东。这就是后来为人所知的磁偏角现象。

宋代以后，指南针开始普遍用于航海。朱彧《萍洲可谈》中即有"夜则观星，昼则观日，阴晦观指南针"的记载。在宋理宗宝庆元年（1225），即有中国海船使用指南针定向导航的记载。这一年，赵汝适写了记载海外各国地理情况的著作《诸蕃志》，书中谈到他从泉州去海南岛乘的是海船："舟舶往来，惟以指南针为则。昼夜守视惟谨，毫厘之差，生死系焉。"至明代，指南针在航海上的运用较宋代又有所发展。郑和下西洋的船队将天文导航、指南针导航、陆标导航、测量水深和水质等导航手段结合起来，从而使航海技术又向前发展了一大步。

中国的航海家将指南针装到船上，标志着人类从此获得了在海洋中全天候、远距离航行的能力。指南针的使用促使航海地图问世，这种地图在古代中国称作"针路"。

瑰宝再现——蓬莱水城海底沉船

1984年，考古人员在蓬莱水城发掘元代古船时，惊喜地发现这里还埋藏着其他古船。但是囿于当时技术水平和保护能力的不足，考古人员并没有对其他古船进行同步发掘。2005年7月至11月，蓬莱古船的二次发掘工作由山东省文物考古研究所牵头启动。该所会同烟台市博物馆及蓬莱市文物局共同组成了一支专业的考古队，在原址上又发现了3艘古船。"瑰宝再现"展厅主要展示的就是所发掘的4艘元明时期的古船及大量出土文物。

"蓬莱一号"古船

"蓬莱一号"古船于1984年出土，是元代用于沿海巡防、护航的战舰。它有3个突出特点：一是船型大。残长28.6米，残宽5.6米，可乘载上百人。二是速度快。船身瘦长，长宽比达到5∶1，大大加快了船的速度，提高了船的灵活性。三是技术独创。"蓬莱一号"古船是三桅帆船。船尾有舵，帆与舵的配合保证了航行的平衡、方向和速度；船内设有14个水密舱，保证了航行的安全性；所采用的龙骨、舱料等很多造船技术都居于当时世界领先地位。

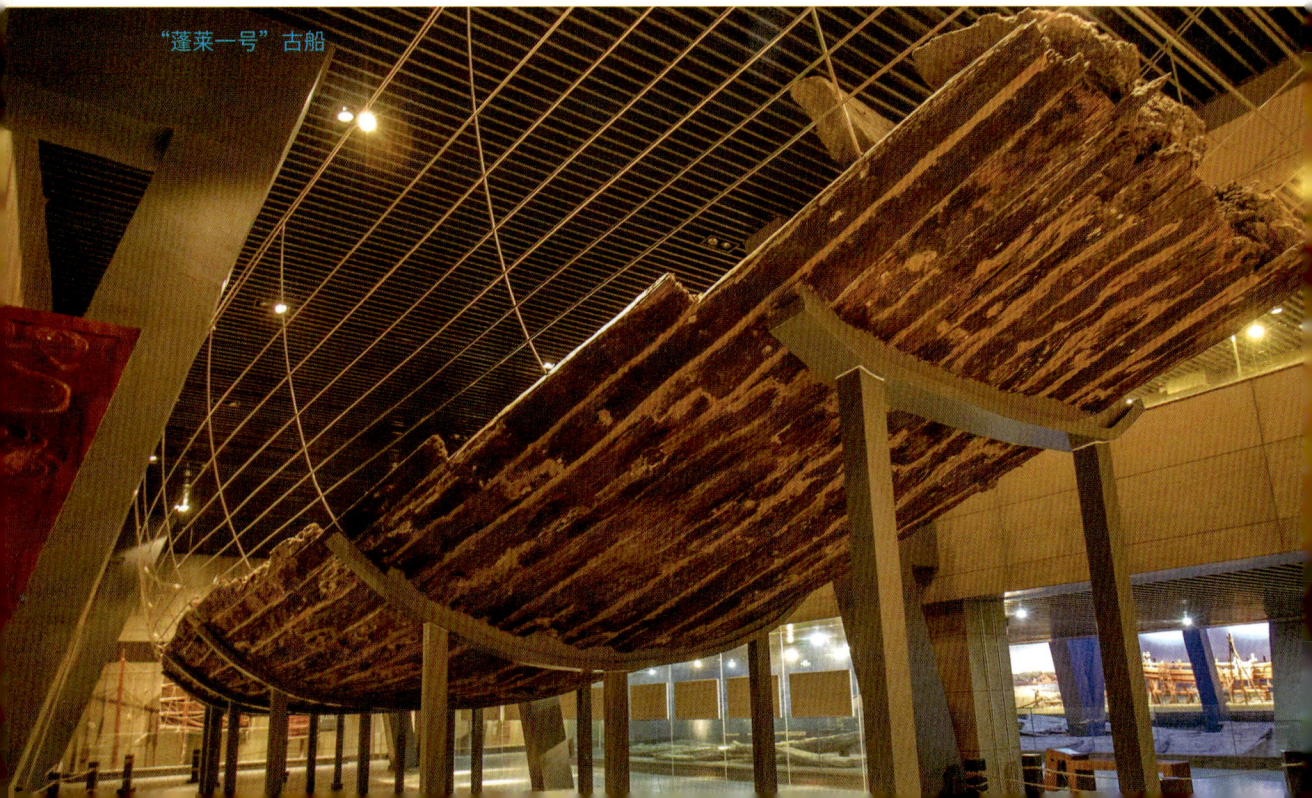

"蓬莱一号"古船

"蓬莱二号"古船

"蓬莱二号"古船是明代登州沿海巡防抗倭战舰。这艘明代古船的发现位置在"蓬莱一号"古船出土地点的西部。古船出土时，残长21.5米，残宽5.2米，残深5.6米，整个船身呈水平状态，而船体呈流线型，深埋在4.7米厚的淤泥之下。现代船舶学家通过细致的测算，得出这艘古船的总长为33.8米，船宽约为6米。想来它以这

成15个水密舱，而且每个水密舱与船底的接口处都设有两个流水孔，以便于排出船底积水。水密舱的设计还增加了船体的刚性，更适于海上作战。

"蓬莱三号"古船

"蓬莱三号"古船是明初高丽货船，残长17.1米，残宽6.2米。艏部、艉部遭到扰乱，艉龙骨、船舷以上外板已损毁，主龙骨保存较好。船身保留着4块舱板和3道舱板

"蓬莱二号"古船

"蓬莱三号"古船

个宽度进入水城8米宽的水门是比较自如的。"蓬莱二号"古船同之前发现的元代古船类似，船头呈V形，中部呈U形，尖头平底，属于一种名为"刀鱼船"的战船。

遗憾的是，由于年代久远，"蓬莱二号"古船的舱壁板没能完整保存下来，但是依然能够发现古船上有14道舱壁，将船体隔

残痕，可见8个舱。后桅座已不见；中桅座保存较好，位于第五舱；前桅座受现代灰窑的影响而移位至船西部淤泥中。该船约有10个舱，没有龙骨，平底，船身短肥，更注重行船的平稳性。它也采用了水密隔舱技术，印证了古代中国与高丽造船技术的交流，也是两国经贸文化交流的实物例证。

"蓬莱四号"古船

"蓬莱四号"古船只残存 4 块底板，但这些底板保存较好，船材也十分粗壮。船材出土于"蓬莱三号"古船西南侧上方的淤泥中，可能用作舵杆。

"瑰宝再现"展厅中央，"蓬莱二号""蓬莱三号""蓬莱四号"古船静静地躺在小海的港湾之中，呈现出它们出土时沧桑的模样。古船展示台的场景是专家根据考古发现而复原的，营造出古船停泊在港湾的景象，让参观者能身临其境地了解古船。

展厅内还展出大量随古船出土的缆绳、铁锚、炮弹、铁剑等文物。许多文物上都有厚厚的海洋生物攀附痕迹，最大限度地保留了水下文物的特征。这些资料让参观者能够更为直观地了解中国古代的造船技术、航海技术以及军事史，展现了登州

随船出土的缆绳

古港在古代海上丝绸之路和海防中的特殊地位。

现在的蓬莱虽然早已不见蓬莱阁上八仙过海、各显神通的仙气缭绕，也错过了登州古港里昔日东方海上丝绸之路的繁华兴盛，但是不妨在这 7200 平方米的海上丝绸之路博物馆（蓬莱古船博物馆）里，赞叹中国古代航海业的先进技术，感受古代海上丝绸之路的脉络。

"蓬莱四号"古船

广州海事博物馆

广州海事博物馆

曾经，瓷路远航，客如云来，货如轮转，广州尽享"天下之货，此地尽有之"的美誉。千百年来，广州黄埔港虽几经易址，却从未对外关闭过。中国与世界通过这一窗口发生着千丝万缕的联系。

"海事"一词广义上指与航运和海上活动有关的一切事项。据考，该词最早出现于广州南海神庙内由唐代著名文人韩愈所撰的《南海神广利王庙碑》："地大以远，故常选重人，既贵而富，且不习海事。"这座石碑同南海神庙一同见证了广州千百年的繁荣富庶与海上丝绸之路的辉煌。

广州海事博物馆作为广州海事历史的存放地和广州海事未来的瞭望塔，于2021年6月正式开馆，成为这座千年商港新的文化标志。广州海事博物馆由广州市黄埔区主导建设，位于海上丝绸之路史迹之一的南海神庙东侧，占地面积约3.5万平方米，一期建筑面积1万平方米。广州海事博物馆远看如一艘航行在海中央的大船，馆外广场上流线型的喷泉装置如同朵朵浪花拥簇着这艘巨轮缓缓向前。博物馆建筑的细节之处尽显广船特色：前部悬挑而起，如同广船船头；后部则自下而上逐层外飘，好似广船艉楼。

广州海事博物馆

步入大厅，迎面是磅礴大气的王孙诰编钟，尽显庄严与凝重。"八音之中，金石为先"，编钟所代表的中国古老的礼乐文化之声，以海纳百川、辐射四方的特性向世人展示着中华民族的悠久历史，正如悠悠的海丝文化向世人展示着海纳百川的中华海洋文化。参观者不难发现海洋、船舶等元素贯穿于广州海事博物馆的展厅设计之中：船舵造型的天花板、竹板连缀而成的形如渔船的楼梯……在这海洋文化的盛宴之中，参观者可近观广州两千年来海上丝绸之路的文物，细品广州在海上贸易历史长河中的璀璨点滴。

为彰显"海丝起点"和"千年商港"的文化特色，广州海事博物馆立足于"海事"主题，选取唐宋这一历史时期为展陈重点，设立"七海扬帆——唐宋时期的广州与海上丝绸之路"这一常设展览。该展览从造船与航海技术、海上贸易概况、瓷器出口与香药进口、南海神庙礼制及市舶制度、佛教海路传播、番商番坊等方面，回顾广州在唐宋时期通达万国的辉煌历史，再现千年前广州商业兴盛、文化多元的盛况。

舟行天下，货通万国

在大航海时代到来之前，阿拉伯世界被称为"东西方交流的桥梁"，东西方的商品、文化在此汇聚。9世纪，阿拉伯人雅库布周游列国并记录了许多航线信息，他曾描述从阿拉伯世界前往中国需要经过7个海区。据后人考证，阿拉伯人记录的"七海"航线的终点正是广州，与唐代贾耽所记述的由广州前往波斯湾的"广州通海夷道"高度重合。广州海事博物馆以"七海扬帆"为主题，细述唐宋时期"舟行天下，货通万国"的广州港。

"船"这一交通工具的出现使得水陆得以连接，而唐宋时期造船和航海技术的巨大进步让长距离的跨海航行成为可能，世界各地区、各民族之间的海上贸易更加频繁。展览的第一部分——"舟行天下"，集中展示唐宋时期的造船和航海技术。走进展区，即可看到2007年发掘出水的"南海Ⅰ号"船体解剖模型。"南海Ⅰ号"是中国南宋时期的远洋贸易船，通过此模型，参观者可清晰看到中国首创的造船技术——水密隔舱技术。随船装载的香料、瓷器等商品分布于隔舱内，即使船体触底而致某一隔舱漏水，也不至于波及临舱。正是由

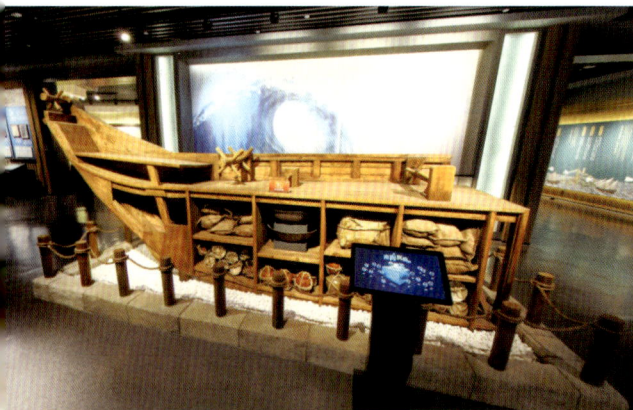

"南海Ⅰ号"船体解剖模型

南宋碇石

于这样的隔舱设计，从这艘沉船打捞出来的瓷器仍保存完好，十分精美。

唐宋时期，广东等东南沿海地区是中国重要的船木产区和造船中心。造船技术在此得到持续革新，著名船型也源源产生。唐宋时期的海船以船身大、抗风浪性能佳驰骋于太平洋和印度洋之上。该展区的船模展柜陈列着唐宋时期的代表性船只：船身为龙形象且船体有高楼的"龙舟"，"头低尾高，前大后小，如鹘之状。舷下左右置浮板，形如鹘翅翼，以助其船。虽风涛涨天，无有倾侧"的江海两用战船——海鹘，壮观如城垒的楼船，"外狭而长"的艨艟战舰……这些船模集中展现了唐宋时期的造船工艺和造船技术的革新。馆中的南宋碇石整体保存十分完好，表面光滑锃亮，是广州海事博物馆的"镇馆之宝"之一。碇石，简而言之就是古代的石质锚，用于稳定船身或系船。这块硕大的碇石静置于大厅内，向世人低语着宋代高超的造船水平和技艺。

"舟行天下"展区还介绍了同时期的阿拉伯缝合船只技术及"苏哈尔"号等代表性船只。缝合木船是波斯湾地区一种古老的船只类型，船板和骨材构件借助木板上的钻孔通过绳索连接，板缝用纤维和油脂混合物填塞，可增强防水特性。即使船只触礁搁浅，依赖于缝合技术的优势也不至于造成太严重的船体损坏。唐宋时期的中国和阿拉伯世界依托于精湛的造船工艺，为远洋往来打下了基础。涉足远洋同样离不开快速发展的航海导航技术，如此才能在茫茫大海中前行。这一时期，天文定位和磁罗盘等导航技术被广泛应用。一时间，中国的航海技术领先于他国，中国船只成为海上航行的常客。

西汉时期，张骞出使西域开辟了横贯欧亚的陆上商路。唐宋时期，尤其是"安史之乱"之后，中原通往西域的道路受阻，加之造船和航海技术的进步促进了海路的便捷，国家经济重心随之从陆上转向海上。展览的第二部分——"千年商都"，从陆路、海路的盛衰开始，讲述广州"千年商都"的地位。该展区的浮雕版画生动再现了"从陆丝到海丝"的转变，从依赖骆

使历经千年洗礼，如今看来也精美溢彩、古朴庄重，引人向往。繁荣的货物贸易使得扶胥港成了名副其实的"金山珠海，天子南库"，是官府税收的重要来源地。据馆中文字资料，南宋时期，扶胥镇一度成为广州下属各县或场中税收第二多的地区。该展区还陈列着唐宋时期货币，包括金锭、银锭、铜钱、铅钱等不同制式的钱币。其中，唐开元通宝"广"字铜钱是广东地区较早被人们使用的铸币，可见当时广州地区经济的发达与生活的富庶。广州的繁荣

"千年商都"展区一角

驼的货物托运到借助舟楫远航的贸易模式，也伴随着经济中心从长安转移到广州。

唐宋时期，外国商船到达广州的第一个停靠站便是扶胥港，一时间万商云集，交易的商品包括瓷器、丝绸、茶叶、香料、琉璃等。这些商品在该展区一一陈列，即

琉璃钵

使之逐渐摆脱"烟瘴之地"的别称,成为国内外贸易的中转枢纽,辐射中原,联通内地,世界各国的货物也由此北上至中原地区。

唐宋时期,往来海上丝绸之路的货物极为丰富,其中以瓷器出口和香药进口规模最大、最为频繁。"瓷路飘香"展区陈列着唐宋时期重要窑口的大量瓷器及各类香药。中国有着悠久的制瓷历史,可谓"瓷业大国"。在该展区,参观者可习得传统的瓷器烧制过程,包括练泥、利坯、拉坯、晒坯、施釉、烧窑几道工序。火照又称试片,一般只使用一次。烧制过程中,当需要测窑内温度时,窑工便用长钩伸入观火孔,将火照从中钩出查看颜色,以此判断窑内温度及釉的成色。参观者可在该展区细看不同窑区的瓷片以及火照的色泽和质地差异,或许能从中发现不同窑区的制窑特色。成熟且具有地方特色的制瓷工艺让中国瓷器声名远播,广受海外人士喜爱。

在众多海船运载的外销货物中,瓷器一直是主角。唐代沉船"黑石号"是在东南亚海域打捞上来的一艘远洋海船。因船上装载了大量的中国瓷器和珍宝,故这艘沉船备受世界关注。"黑石号"上的瓷器成了后人再现其神秘之旅的依据。其中,长沙窑瓷器是在该沉船上发现最多的瓷器。馆中陈列着大量的长沙窑瓷器,包括瓷壶、瓷碗等。瓷器样式精美、色泽明亮、图案多样,具有浓郁的西亚风格。为了满足对外贸易需求,减少人力和运输成本,在并无制瓷传统的广州地区也出现了不少瓷窑。

瓷器烧制过程展板

西村窑青釉褐彩书"至和元年"款盘

其中，广州西村窑的产品少见于国内市场，却远销东亚、东南亚各国，是宋代广东最具影响力的外销瓷之一。馆中展出的西村窑青釉褐彩书"至和元年"款盘，是目前国内少有的带铭文的西村窑瓷器。

唐宋时期，香药是通过海路入华的最大宗商品，海外商品的来华之路也是一条异香浓郁的"香药之路"。香药既是香，又是药，可用于熏衣、制作含香蜡烛，也可入药、入食。香药是有机物，不易保存，少有实物出土。广州海事博物馆收藏了从国内外部分地区发现的香药标本，参观者可在此对苏合香、乳香、龙涎香这些纸面上赫赫有名的香药有直观的认识。

造船技术和航海技术的发展如同两架并驾齐驱的马车，拉动着广州地区海上贸易的快速前进。"千年商都"如同明珠闪耀于南海之滨，璀璨于历史长河。万国商贾云

"香药之路"展区

集于此，世界各国货物流转于此，中国的瓷器借由广州这个窗口走向世界，他国的商货跨洋进入中国的寻常百姓家。

创设制度，文化交融

舟行天下，货物得以通万国，而"货通"的同时也带动了社会制度的交流与文化的繁荣。唐宋时期，广州贸易兴盛，城市欣欣向荣。在朝廷的支持下，广州成为国家制度改革创新的试验场，其中最具代表性的便是南海神庙国家礼制和市舶司贸易管理制度。"制度创新"展区主要通过图文资料及影视资料为参观者讲述这些制度的内容与创立过程。

南海神庙建于隋代，是中国古代四大海神庙中唯一完整保存下来的。隋代以前，帝王祭祀四海都是在近处设祠遥祭，未曾在海边立祠。隋文帝杨坚全面整顿国家礼制，开始在广州"近海立祠"。南海神庙位于"扶胥之口，黄木之湾"，与海上贸易活动密切相关。唐宋时期的中外商客在出海航行前后，都会到此祭拜南海神以求一帆风顺、平安无虞。隋代以后，历代帝王都十分重视祭祀南海神，祀南海神庙的制度也因此不断，成为国家祀典组成部分。唐宋时期，朝廷采取遥祭、遣使等方式祭祀

南海神，这一传统可在唐代韩愈所书的《南海神广利王庙碑》中寻得考证，碑文中详细记述了岭南节度使、广州刺史孔戣连续3年亲祀南海神庙。南海神庙经过多次扩建，在宋代达到建筑规模鼎盛期，房间甚至超过300间。南海神庙礼制的长盛不衰，也是历代帝王对海洋的敬畏、对海权的重视的体现。南海神庙作为海上丝绸之路的历史遗迹，也见证了当时海上丝绸之路的兴盛与繁荣。

市舶使最初设立于唐开元二年（714），其主要职责是"籍其名物，纳舶脚，禁珍异"，即向前来贸易的船舶

《南海神广利王庙碑》拓片

南海神庙

征收关税，代表宫廷采购一定数量的舶来品，同时对市舶贸易进行监督和管理。地方的市舶事务主要由地方长官管理，市舶使与之相辅相成。"制度创设"展区中的市舶使走廊陈列着唐宋时期广州市舶使名录。走廊尽头是根据唐代柳宗元《岭南节度飨军堂记》设立的复原场景，通过绘画及人物模型还原了唐代岭南节度使与兼任市舶使的监军使宴请当时番商的场景。"睢盱就列者，千人以上""兴王之舞，服夷之伎，摈击吹鼓之音，飞腾幻怪之容，寰观于远迩"，由此规模之盛大和飨食之欢乐，可见唐代广州海上贸易的繁荣兴盛。到了宋代，"东南之利，舶商居其一"，朝廷财政对海上商贸的依赖加大，加之海上贸易活动日益频繁，朝廷设立了专门的市舶司以加强对海外贸易商船的管理。市舶制度的建立和完善加强了政府对海路贸易的管理，广州也因此成为朝廷重要的财政收入来源地。

海路贸易不仅间接创新了广州当地的管理制度，也为广州当地的文化注入了源源不断的活水。唐宋时期，迥然不同的宗教信仰和文化风俗在广州相互交融、和谐共生，造就了广州兼容并蓄、异彩纷呈的文化内涵。随海路而来的不止货物，还有对中国影响深远的佛教和伊斯兰教。"融通世界"展区通过大量的图文资料，介绍广州的佛塔、佛经、僧人往来，阿拉伯人在广州的生活情况，以及中国人在阿拉伯地区的见闻，为参观者解析佛教通过海路传

市舶使走廊

"通融世界"展区

入中国和阿拉伯文化与中国文化交融的历程。远在唐宋时期之前,佛教就已经传入广州。281年,西天竺(今属印度)僧人随商船抵达广州,并在此建寺庙,此为广东建佛寺之始。此后,沿海路到达广州并北上中原传教的僧人络绎不绝,以广州为始发港西行求法的华僧更是连续不断。佛教也在广东落地生根,传播开来。信仰伊斯兰教的阿拉伯人通过海路到达广州,在此贸易、生活。如今广州越秀区的怀圣寺正是伊斯兰教传入中国后较早建立的清真寺之一。

在广州海事博物馆,我们可追溯历史,如同阅览一本厚重的海洋大国兴起之书。宋高宗曾盛赞海上贸易活动,并在诏书中写道"市舶之利,颇助国用"。无论是唐宋时期的繁荣还是广州这座"千年商都"的发展历程,无不为后人指明向海而兴、向海图强的富强之路。踏着新时代的浪潮,广州这座有着千年积淀的商都始终焕发着年轻活力,必将在21世纪海上丝绸之路上远航。广州海事博物馆也会不断将千年丝路所代表的命运共同体的联结与和平友好的愿景传递给世人。

⑬

泉州海外交通史博物馆

泉州海外交通史博物馆

700多年前，一个名叫马可·波罗的意大利人游历中国，并在《马可·波罗游记》中写下了这样的话："大批外国商品运到这里，再运到全国各地销售。运到那里的胡椒数量非常可观，但运到亚历山大港供应西方世界各地需要的胡椒就相形见绌，恐怕不过它的百分之一吧。"游记中所描述的正是当时的"东方第一大港"——刺桐城，

泉州海外交通史博物馆

也就是现如今中国东南沿海的泉州。这座千年古港也是古代海上丝绸之路的起点之一，在中国古代航海交通史上具有重要地位。郑振铎任中国科学院考古研究所所长时，提议建造博物馆收藏泉州宗教石刻。1959年，中国第一家海事博物馆——泉州海外交通史博物馆在这座古港城市设立。历时数十年，泉州海外交通史博物馆已然成为中国航海交通史最大的展示中心和研究基地，向世人述说着辉煌灿烂的中华海洋文明。

泉州海外交通史博物馆旧馆坐落于泉州市丰泽区开元寺东侧。1991年，出于发展需要，该馆在东湖街新增展馆。目前，新旧二馆总占地面积3.5万平方米，建筑面积1.73万平方米，陈列面积1.1万平方米。处于开元寺东侧的旧馆最初是泉州湾出土的宋代海船陈列馆，后发展为泉州湾古船陈列馆。而东湖街的新馆外，一艘远航而归的帆船"白豚号"，似乎满载货物正驶入港湾。

泉州湾古船陈列馆

东湖街新馆

泉州海外交通史博物馆的藏品以泉州湾古船及其伴随出土物、泉州宗教石刻、泉州外销瓷为三大主要体系，重现古代海上丝绸之路的鼎盛、领先于世界的造船与航海技术，以及多元文化在泉州荟萃交融的历史场景。馆内陈列以泉州港历史为主线，展示经济、文化的交流与变迁，主要设立"刺桐：古泉州的故事""泉州宗教石刻陈列馆""中国舟船世界""阿拉伯–波斯人在泉州"等固定展厅，以丰富的文物再现泉州港帆樯如云、商旅不绝的贸易盛况和兼收并蓄、包罗万象的城市胸襟，向世人展现中国灿烂的海洋文化。

刺桐往事知多少

　　泉州这座古港似乎已在当今繁华的都市氛围中尘隐，然而在 10—14 世纪，这里却是海上丝绸之路的重要港口。"刺桐：古泉州的故事"展厅聚焦泉州港的丝绸之路往事，展示泉州地区与海洋商贸、海洋文化相关的史迹与遗址。古时的泉州城墙外种有成排的刺桐树，每年三四月份，刺桐花开似火，远渡重洋来到泉州的西亚人见到此景，便用"刺桐"称呼泉州。

　　泉州地处福建东南沿海，此处江海交会，海岸线绵延，陆域水系发达，是天然的良港。闽越人很早就学会造船驾舟，他们根据海鸟形状仿造出鸟船。该船头尖尾宽，既有利于航行时破浪，又能增加船载稳定性，是中国四大古船之首——福船的雏形。3 世纪后，北方战乱频发，部分汉人南迁进入泉州，带来先进的制瓷技术。从泉州出土的南朝陶器的器形与中原的十分相似。汉人的南迁使得中原文化在此与闽越文化交融，从出土于泉州的西晋墓砖上的僧人纹饰、道观元妙观的创建、唐代随葬青釉器的器型与纹饰等可见一斑。

　　唐代中后期，中国的贸易重心逐步从陆路转向海路。为适应海上贸易的需要，泉州城池不断扩建。馆内的地面上有泉州城池变迁图的投影，可见城池逐步向海而建，至元代时已扩大为唐代时的 7 倍。因其城区形状似一条鲤鱼，故泉州还有"鲤城"这一别称。

　　经过唐代经济与造船技术的发展，泉州在宋元时期达到发展的巅峰，一跃成为帆樯林立、番商云集的东方大港。泉州海外交通史博物馆依据历史记载和考古发现，复原了宋元时期泉州港的民俗风情。繁盛的经济发展活跃了人们的精神生活，"光之城"展区带参观者穿越回那个灯火通明、戏台比比皆是的不夜城。

宋船一出惊世人

泉州海外交通史博物馆发展初期，因展品较少，并无固定展舍，仅用开元寺两廊的空间筹建起简陋的临时馆舍。1974年，在厦门大学庄为玑教授所带领的考古调查队的努力下，一艘宋代古船被拂去尘霾，举世瞩目。这艘宋代古船及随船出土的香料等商品，也为泉州海外交通史博物馆的建设开创了一片新的天地。当时，出土的宋代古船部件被运送至博物馆的临时馆舍中，并在此拼装复原船体造型。为了更好地保护和陈列这艘古船，泉州海外交通史博物馆开始构建泉州湾古船陈列馆，在其原址搭建与开元寺风格一致的外围建筑。

正所谓"天时地利人和"，泉州繁盛的港口航运业除了得益于其优良港湾的"地利"，更离不开其船舶建造水平高的"人和"因素。这也是这艘出土于泉州湾的宋代古船得以震惊世界的原因。这艘宋代古船残长24.2米，残宽9.15米，推测其长34米，宽11米，排水量近393.4吨，载重量可达200吨。古船上，时光和尘土的剥蚀留下的痕迹肉眼可见，但巨大的船体仍能复现往日远涉重洋的恢宏气势。古代福建沿海多建造适于远洋航行的船只，其中以福船闻名于世。这艘出土的宋代古船正是一艘典型的福船。其底部尖形而甲板高起，极利于破浪航行，且吃水深、稳定性好，适于在狭窄和多礁石的航道中驰骋前行。船体外部弯曲流畅，采用多重木板结构，使得船只更适合远航，也便于船体维修。以福船为代表的水密隔舱技术更是惊艳世人。古船上的12道隔舱板分别与船壳板、肋骨互相连接，将船分隔成密不透水的13个船舱。这样的水密隔舱设计便于货物的分类储藏，即使船触礁后某个船舱漏水，也能通过封堵破损处而使其余舱体不受影响。整船采用榫接、钉连等连接方式。随船出土的不少小巧的石灰刮板器件，就

宋代古船展示全景

是用来搅拌和涂抹桐油灰以堵塞船板缝隙的。古船流畅的外形线条、巧妙的水密隔舱结构，不仅有力地驳斥了"中国没有海洋文明"的说法，而且展示了宋代中国领先于世界的造船技术。

海上凶险，大浪、暗礁、湍流都足以让船只覆没于茫茫大洋，因此在船民中衍生出了许多信仰。泉州出土的宋代古船底部龙骨截面上凿有"保寿孔"，中间排有"七星伴月"式的铜镜和铜钱或铁钱，铜镜象征明月，铜钱或铁钱象征七星或七星洋，寓意明镜能照亮险滩，祈求航行平安无事，顺利返航。

无数的船从泉州港驶出，书写着海上丝绸之路的财富传说。高超的水密隔舱技术使得随船运输的货物能够得到很好的保存。随宋代古船出土的香料脱水后重达 2 千克，还有药物、铜铁器等文物。乳香、龙涎香、沉香、槟榔、玳瑁、胡椒便是当时遗留至今的贸易品，它们的数量之大令人惊讶。香料是古代中国商船运载的重要贸易品，因此，"海上丝绸之路"也被称为"海上香料之路"。宋代古船似乎能透过时间的层嶂，向我们细说那个辉煌的航海时代——无数的"中国制造"由此

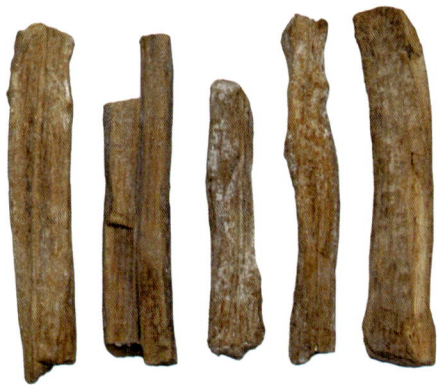

南宋香料

南宋胡椒子

走向世界。

泉州湾古船陈列馆除展出宋代古船及其伴随出土物外，还陈列着在泉州水域发现的宋元以来的大量船用属具，如石碇、铁锚，并详细介绍古船发掘过程、古船结构等。

天地交通船为首

世界大洲分散而布，却因浩瀚海洋联结成一体。船正是连通大陆的首要工具，而人类对于现状的不满、对于未知的好奇，是探索的最大驱动力。

古老的舟船文明和古人心向蔚蓝的探索欲望在"中国舟船世界"展厅铺陈开来。该展厅位于新馆主体楼二层，总面积1500平方米。20世纪90年代，泉州海外交通史博物馆组织全国专家学者和造船师傅，历时8年复原中国历史上著名的古船百余艘。展厅的陈列从人类的舟船起源开始，到中国历代著名舟船模型，以及古代造船航海技术的重大发明等。

七八千年前，河姆渡人怀着对江河的向往，将几个葫芦系于腰间，制成了最初的浮力工具。他们用火和粗糙的石制工具建造出了独木舟和船桨，跨过江河寻找食物与合适的住所。随着技术的进步，人们学会在独木舟上加木板，增设横向支撑物，根据自身意愿对木舟进行改造。不同地域的江河孕育了不同的船只类型。对于黄河流域的早期居民而言，羊皮筏就是他们的渡河工具。展厅陈列的羊皮筏由多个羊皮吹成气囊，绑在木竹架上而成。为了方便运送货物，黄河居民发明了浮箱式木

船。纤夫将空船拉到黄河上游，装载货物后放船使其顺流而下至目的地，货到即船毁。为了满足日渐增大的内河漕运需求，宋代的汴河漕船应运而生。漕船具有质量轻薄的拱形舱，便于存储和运输粮食等货物。

中国先进的造船技术也催生了豪华的游轮。参观者可在此展厅中一见顾恺之名画《洛神赋图》里的游舫。游舫船体精巧，无须离开水面的橹减少了桨出水的做功消耗，

葫芦与独木舟模型

汴河漕船模型

《洛神赋图》游舫模型

两头船模型

使得船体的运动更加省力便捷。大大小小的船构件，无不体现着中国匠人的灵巧和智慧。宁波的一种古老渔船采用轻巧的斜杠帆样式，便于操作。高挑的艉封板能有效防止浪的冲击。船体前舱装有减摇舱，水可从这里自由进出，从而保持船体平稳。展厅还陈列着赤龙舟、两头船、六十六桨急行船等，均是各具特色的战船。两头船的头尾均设有舵，可根据战场情况灵活转向，进可攻，退可守。

大型的郑和宝船总长 100 多米，展厅中陈列的宝船模型犹具"体势巍然，巨无与敌，篷帆锚舱，非二三百人莫能举动"的磅礴气势。一代代无名工匠把中国的海洋

文明推向鼎盛，中国船只满载古老国度的文明驶向汪洋，画出编织着国人海洋梦想的一道道亮丽的航迹线。

船载文明汇刺桐

万舟从这里出发，到此归港，正如百川归海，一切漂洋过海的文明在这座刺桐古

郑和船队模型

城相遇、融合。作为宋元时期世界大型对外贸易港之一，泉州是各地商品云集的商埠，也是各国文化碰撞的高地。

各国平民或是贵族搭乘远洋帆轮，带来各国的宗教文化，为古老的刺桐城留下了恒久的印记，成就了泉州"宗教博物馆"的美名。"泉州宗教石刻陈列馆"陈列着宋元时期外国侨民在泉州经商、传教遗留下来的数百方石刻，包括墓碑、墓盖石、石雕像、教寺建筑构件等，属于基督教、印度教和摩尼教等几大宗教。20 世纪以来，人们在泉州陆续发现不少基督教石刻，虽其数量难称"最多"，但其样式足称"最精巧"。墓构件"刺桐十字架"上多装饰有十字架、天使、莲花、云纹、华盖、间柱等图案，糅合了东西方宗教元素。手捧十字架的有翼天使犹如菩萨趺坐莲花，凸显着佛教的痕迹；连续的卷云纹等则融入道教的元素。"泉州宗教石刻陈列馆"不止这一座石碑具有如此特别的"混搭风"。展厅中还陈列着元代印度教寺的遗物——开元寺大雄宝殿十六角柱的复制件。毗湿奴化身为人狮、毗湿奴与坐骑金翅鸟、毗湿奴解救象王等印度教经典图案在柱上栩栩如生，莲花、海棠、菊花等中国花卉图案并存争艳。宋元伊斯兰教、基督教、印度教石刻仍在安静地述说着不同文明对话与共处的美丽图景，展现着泉州文化兼容并包的多元性。

元基督教八思巴文墓碑石

"泉州宗教石刻陈列馆"入口

宋元时期，阿拉伯、波斯商人接连不断地航海来到泉州，在此经商、传教和定居。这一历史渊源为泉州留下了丰富的伊斯兰文化遗存，使泉州成为今日中国与中东各国沟通的纽带。"阿拉伯－波斯人在泉州"展厅有多件伊斯兰教石刻。它们是中世纪阿拉伯人、波斯人来到泉州后留下的，大部分为清真寺建筑石刻和穆斯林墓葬建筑石刻。蒲寿庚家族是泉州历史上最显赫的阿拉伯后裔，"泉州宗教石刻陈列馆"中陈列着一系列蒲氏家族史实资料和遗存物件。南宋末年，蒲氏家族将私人海舶交给

"阿拉伯－波斯人在泉州"展厅

元军，进攻残余宋师。元代，蒲寿庚被封为"昭勇大将军"，官至泉州分省平章政事，蒲氏家族权倾一时。蒲氏家族的奢华在泉州地区广为流传，出土于蒲家花园的"曲水流觞"石刻足见其煊赫权势和闲趣雅致。大石板上刻着蜿蜒曲折、由浅至深的沟，这是中国古代士大夫喝酒吟诗时的用具，一般只有达官显贵之家才有此物。后因朝代更迭，加之蒲氏家族过于张扬跋扈，蒲氏家族被迫改姓迁居，但其香料产品仍留存至今。馆中陈列的香柱在当今全国篾香四大出口基地之一的泉州永春县随处可见。漫步于馆中，参观者可在伊斯兰文化遗存中追寻无数历史情节交织而成的刺桐往事。

昔日人群熙攘的泉州港在历史的更替中悄然谢幕，一座现代化的泉州城正以崭新的面貌闪耀在中国的东南沿海。我们有过领先于世界的舟船航海技术，历史的辉煌将激励国人更加拼搏进取，中国的舟船航海事业终将在新时代书写更加灿烂的篇章。

14

青岛贝壳博物馆

青岛贝壳博物馆

青岛西海岸新区的唐岛湾水质洁净、碧波荡漾，无风时，这里的水面如同镜面。青岛贝壳博物馆就坐落于美丽的唐岛湾畔，与海为邻，热情欢迎着来自五湖四海的游客"吹着海风赏海贝"。

青岛贝壳博物馆（试验馆）于 2014 年 8 月正式建成运营，面积约 2600 平方米，是以贝壳为主题，集贝壳文化研究、收藏、科普教育、文化旅游为一体的私人海洋特色博物馆。贯穿博物馆的贝壳沙滩 T 台令青岛贝壳博物馆别具一格。贝壳沙滩 T 台两侧分布着贝壳标本展示区、贝壳化石区、文物艺术品区、儿童互动与科普区、贝类商品展示区、贝类生物科学研究院等 6 个部分。各式贝类标本及化石交相辉映，整个博物馆"海洋味"十足。

青岛贝壳博物馆现展出来自五大洲、四大洋 60 多个国家和地区的 4000 余种贝壳标本和 300 余种贝类化石，还有数量众多的标本未展出，展藏数量及硬件设施均处于国内领先水平。博物馆建成运营以来，精心办展，引起了社会各界的广泛关注。

青岛贝壳博物馆

贝壳沙滩 T 台

小贝壳，大世界

贝壳标本展示区

贝壳，是由软体动物的一种特殊腺细胞的分泌物所形成的保护身体柔软部分的钙化物。贝壳成分中的 95% 为碳酸钙，还有少量的甲壳素。软体动物门是自然界第二大动物门类，世界上现存软体动物 10 万余种。它们的贝壳多种多样，形态各异，令人着迷。青岛贝壳博物馆利用 1 ～ 4 号展厅、7 号展厅以及贝壳沙滩 T 台尽可能多地展示贝壳标本。

龙宫翁戎螺主要分布于中国的南海和台湾，以及印度洋、日本沿海，栖息在 80 ～ 200 米深的海域。龙宫翁戎螺是翁戎螺中体

龙宫翁戎螺标本

一样，历经数亿年仍保持原本的面目，这在浩繁的生物世界实属罕见。

一走进青岛贝壳博物馆，映入眼帘的就是一件直径 1.3 米的砗磲标本，其表面饱受风霜侵蚀，内部已经玉质化，泛着莹润的光泽。砗磲是海洋贝类中最大的，直径可达 1.9 米，堪称"海贝之王"。"砗磲"一名始于汉代，因外壳表面有一道道呈放射状

形最大的一种，直径 10 ～ 23 厘米。青岛贝壳博物馆的"镇馆之宝"——龙宫翁戎螺贝壳，直径为 22 厘米。

龙宫翁戎螺一直被誉为海洋中的"活化石"。它们出现于约 5.7 亿年前，繁盛于中生代，由新生代开始渐趋绝迹。之前人们没有发现过龙宫翁戎螺的活体，于是认为它们在数百年万前就已灭绝。直到 20 世纪 90 年代，才陆续有少量活体被发现。

龙宫翁戎螺壳上的花纹如火焰一般，有一条不规则的锯齿状细长裂缝，乍看就像破损一样，实际上这是水流进入龙宫翁戎螺鳃腔以及废物排出的通道。螺壳底部有一个又大又深的圆形脐孔，一直通到螺顶，就像金字塔的暗道。

生物学家对照 5.7 亿年前的化石发现，现存的龙宫翁戎螺与它们的祖先几乎一模

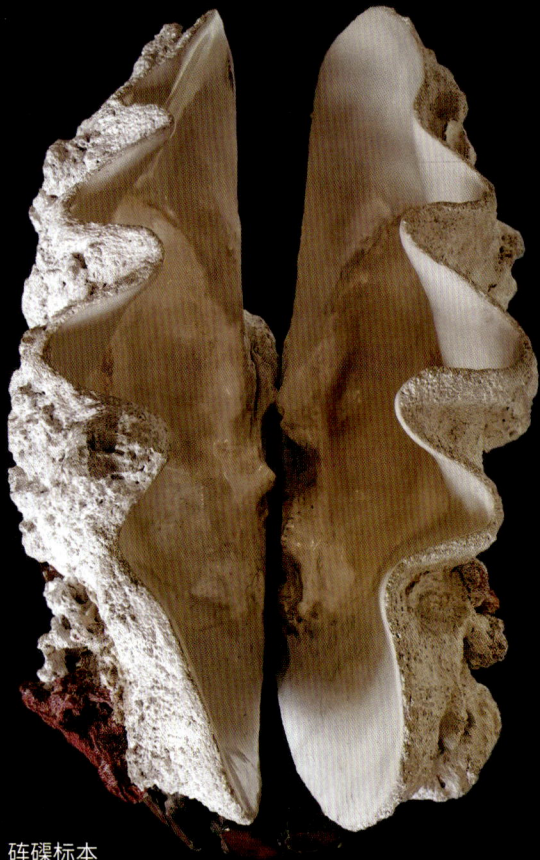

砗磲标本

的沟槽，就像车辙，故称"车渠"。后来人们因其坚硬如石，在"车渠"二字旁各加"石"字，于是就成了"砗磲"。

　　鹦鹉螺与法螺、万宝螺、唐冠螺合称为"世界四大名螺"。鹦鹉螺属于头足纲，分布于太平洋、印度洋。它们由于外壳形似鹦鹉嘴，故得名"鹦鹉螺"。鹦鹉螺已在地球上经历了数亿年的演变，亦被称为海洋中的"活化石"。鹦鹉螺壳内有很多气

鹦鹉螺标本

室，就像一个个房间一样。鹦鹉螺就利用这些气室储水，当水灌满气室时它们会下沉，反之就会上浮。人类模仿鹦鹉螺的构造制造了潜水艇。唐代人们将鹦鹉螺壳制成酒器，取名"鹦鹉杯"，也出现了很多关于"鹦鹉杯"的唐诗。骆宾王《荡子从军赋》："凤凰楼上罢吹箫，鹦鹉杯中休劝酒。"李白《襄阳歌》："鸬鹚杓，鹦鹉杯，百年三万六千日，一日须倾三百杯。"卢照邻《长安古意》："汉代金吾千骑来，翡翠屠苏鹦鹉杯。"当今人们受鹦鹉螺启发而创作的绘画、雕塑和设计的建筑、工业产品等同样不胜枚举。

砗磲标本

法螺标本

  法螺主要分布于太平洋、印度洋的暖水区，大型个体高 35 厘米以上。若磨去法螺尖锥状螺旋部的顶端，可吹出响亮的声音，古代的部族和军队常用法螺作为号角。法螺是能与海星"叫板"的腹足纲生物，因此对控制海星数量、保护珊瑚礁及维持生物多样性具有重要意义。

  唐冠螺分布于太平洋、印度洋的暖水区，因形状很像唐代武士的头盔，故得名。唐冠螺壳大而厚重，直径和高均可达 30 厘米。壳面颜色从灰白色到金黄色，带金属光泽。

  万宝螺主要分布在太平洋及印度洋热带海域的珊瑚礁，一般高 15 厘米左右。万宝螺颜色金黄，手感光滑

唐冠螺标本

万宝螺标本

温润，由于数量稀少，一直受到收藏爱好者的追捧。

绮蛳螺产在亚洲，却在欧洲有着传奇的收藏史，曾经比黄金还珍贵。据说，有人用面团仿造绮蛳螺标本，欧洲人如获至宝，到处炫耀，结果用水一洗，标本就变回了面团。至今欧洲人还把绮蛳螺叫作面团螺。

绮蛳螺标本

展品中还有花纹各异的芋螺、两片贝壳颜色不同的扇贝、贝壳呈心形的心鸟蛤、像鱼骨也像梳子的维纳斯骨螺等标本。参观者能在青岛贝壳博物馆近距离探寻它们的秘密。

贝壳化石区

地球上曾经生活着无数的生物，这些生物死亡之后的遗体或生活时遗留下来的痕迹，许多都被泥沙掩埋起来。在随后的岁月中，这些生物遗体中的有机质分解殆尽，坚硬的部分如外壳、骨骼、枝叶等与周围的沉积物一起石化，但是它们原来的形态、结构依然保留着。同样，这些生物生活时留下的痕迹也可能保留下来。这些石化了的生物遗体、遗迹就称为化石。形成化石的概率不超过万分之一，因为化石的形成受多种环境因素影响。通过研究化石，科学家可以了解生活于遥远过去的生物的形态、类别，可以推测亿万年来生物的演化过程，还可以复原各个地质历史时期地球的生态环境。

青岛贝壳博物馆的贝壳化石集中在6号展厅。其中，20号化石为"海神石"，来自 4 亿年前的泥盆纪。相传挪威海底住着一群美人鱼，它们平时用海神石作为自己的饰品，一到关键时刻，只需让海神石接受阳光的照射，就能够获得神秘的力量来帮助自己。

展厅内还陈列着多种菊石化石。菊石最早出现在古生代泥盆纪初期，在白垩纪末期灭绝。罗马著名的博物学家普林尼把菊石称作"阿蒙神的角"，因为菊石的外壳看起来就像古埃及阿蒙神所佩戴的羊角。菊石也因此被叫作"羊角石"。

文物艺术品区

在文物艺术品区，不得不提的贝类文物当属蚌器。蚌器是以蚌壳为原料制作的各种生产工具、生活用具、兵器和装饰品，其历史可以追溯到旧石器时代晚期。

这里还有大家耳熟能详的贝币。贝壳最早作为货币被人类使用，是人类脱离蛮荒、走向文明的重要标志之一。古人把贝壳穿成串，每两串就是一朋。甲骨文的"朋"字结构中，上面是一个木棍，下面是

菊石化石

悬挂的两串贝币。今天的汉字中，带"贝"字旁的绝大多数与货币、价值有关。充当贝币的贝壳主要来自宝贝。展品中有通常被用作货币的货贝壳，还有虎斑宝贝壳。一枚虎斑宝贝壳相当于一朋货贝壳，作为贝币，面值更大一些。

贝壳是大自然鬼斧神工之作，色彩和纹理也很美丽，有的还有珍珠光泽。展出的贝壳工艺品中有许多14—18世纪的文物，如贝雕饰品、放大镜、望远镜、墨水盒、名片盒，这些工艺品的原材料都是天然贝壳。1699年，英国东印度公司商船在中国订制了8万件外销贝雕折扇。这批扇子精美异常，一抵达欧洲市场就备受青睐。

蚌器

贝币

贝雕饰品

创意长廊两侧的贝壳创意画是馆长耿秉先生自己设计并制作的。有用贝壳拼出的花与蝴蝶，有用贝壳拼出的海草，还有用贝壳制作的孔雀开屏图。每一幅贝壳创意画都饱含着馆长对贝壳的热爱，也让参观者感受到贝壳别样的美丽。

创意长廊

贝壳梦，海洋情

现代贝壳收藏起源于欧洲。17、18世纪是欧洲博物学的黄金时期。那一时期的欧洲，人人崇尚科学，达官贵人、皇室成员多以能资助科学家为傲。在那样的氛围下，欧洲科学在各个领域都取得了飞跃性的发展。生物分类学在那一时期日新月异，各类大学、研究所及个人间展开了激烈的生物标本收集竞赛。贝壳以其干净、漂亮又容易保藏的特点得到了许多人的青睐。每一枚贝壳都有自己的色彩和花纹，有的贝壳甚至有极高的观赏价值、经济价值、仿生价值以及收藏价值。馆长耿秉先生讲，自己的父亲深深被贝壳吸引，收藏贝壳近50年，终于在退休之际将博物馆开了起来，希望将贝壳展现给大家，呈现给孩子们，用贝壳打开人们认识海洋的大门，传播给人们更多贝壳文化。耿秉先生6岁左右时，他的父亲出差带回来了一个像武士头盔一样的贝壳——唐冠螺壳。从那之后，耿秉先生就喜欢上了贝壳收藏，并继承了父亲所创立的博物馆。

贝类不仅是海洋生物的代表，而且蕴藏着丰富的自然科学和人文科学知识：从阿基米德螺旋到斐波那契黄金螺旋，从螺旋星系到螺旋指纹，从螺旋运动到螺旋上

《小贝壳·大世界》（中国海洋大学出版社2019年出版）

升……从2014年开馆以来，青岛贝壳博物馆一直坚持举行"小贝壳·大世界"公益科普活动，讲述贝壳以及它们背后的故事。博物馆还创作了"贝壳说"等科普资料，并与中国海洋大学出版社合作编创了"神奇的海贝""小贝壳·大世界"等系列科普丛书，得到了国内外专家学者的好评。青岛贝壳博物馆充分发挥社会性科普资源的作用，积极参加全国科普日、科普宣传周、"青少年科普在行动"等主题科普活动，引导公众探索科学、保护自然。

青岛贝壳博物馆（试验馆）只是开始，青岛贝壳博物馆新馆——东方贝壳文化博览园已于2019年3月被青岛市政府列为重点项目，随后成为青岛市、山东省文化创意产业重点项目。东方贝壳文化博览园位于青岛西海岸新区国家级凤凰岛旅游度假区内，占地面积约3.3万平方米。

《神奇的海贝》（中国海洋大学出版社2015年出版）

东方贝壳文化博览园项目

东方贝壳文化博览园内不仅有贝壳博物馆，还将建设世界贝类研究院和国际贝壳文化学术交流中心。世界贝类研究院将依托馆藏及标本采集资源，吸纳国内外专家学者，打造贝壳生物分类鉴定中心、贝壳仿生研究中心、贝壳中医药研究院（院士工作站）、古贝类研究中心、世界贝壳文化研究中心、贝壳文化产品创意中心、海洋科普创作中心、世界贝壳大数据中心等8个研究平台。国际贝壳文化学术交流中心则主要承载贝类文化交流传播的功能，具体内容有国际贝壳论坛、世界贝壳文化博览会、世界贝壳文创互联网交易平台、国际海洋科普论坛等。

贝壳虽小，却体现着独特的美学。有人这样评价青岛贝壳博物馆："穿越大陆与海洋的纵横维度，跨越时间浪潮的侵蚀，收藏整个海洋的美梦。"希望人们走进青岛贝壳博物馆时，能够更了解贝壳的文化、贝壳的科学，爱贝壳，爱海洋，保护海洋，尊重生命。

15

青岛海产博物馆

青岛海产博物馆

　　景色秀丽的青岛汇泉湾畔，一座造型优美的中国古典式建筑临海静立。这里就是享誉中外的青岛海产博物馆（又名青岛水族馆、青岛海洋科技馆）。青岛海产博物馆是中国人自主设计建造的第一座水族馆。中国近代教育家蔡元培先生曾称赞其为"吾国第一"。这里孕育了中国海洋科学研究事业和现代水族馆的萌芽，更是国民海洋思想的策源地。

岁月更迭，青岛海产博物馆不断地更新，成为中国著名的以展示海洋生物为特色的自然科学博物馆，已形成以海洋生物馆、梦幻水母宫、鲸馆、海豹馆、淡水生物馆和青岛海底世界为主体的游览景区，向外界展示着海洋之美、生物之趣。在逾90年的发展历程中，青岛海产博物馆如同一艘巨轮，载着满怀好奇的参观者，探索广袤大海的奥秘。

扬帆："当为吾国第一矣"

1930年，蔡元培、李石曾、蒋丙然、宋春舫等教育贤达感发于中国的海洋科研发展需要起锚地，倡议在中国当时最具海洋科研基础的青岛建设水族馆。青岛水族馆于次年2月奠基；1932年2月建成，同年5月8日举行了开馆典礼。开馆之时，蔡元培在致辞中说："然则此馆，当为吾国第一矣。"作为中国人设计建设的第一座水族馆，青岛水族馆在建造之初就确定了"不法西洋建筑"的风格要求，在布局和建筑设计之上依照中国城堡的风格，青砖绿瓦、亭台楼阁，尽显古朴典雅。

在成立之初，青岛水族馆便承担着"强化海洋意识，弘扬海洋文化"的使命，作为中国海洋科学研究的起锚地、海洋科普的发祥地，在青岛这座海滨之城扬帆起航。

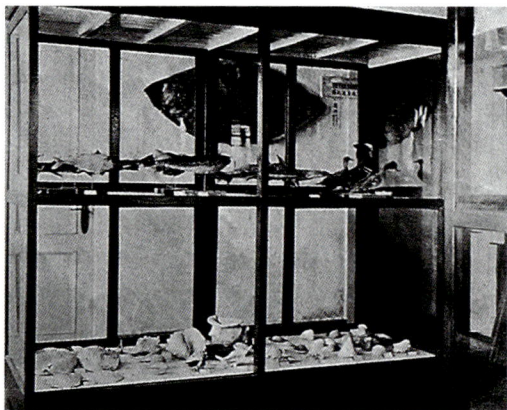

青岛水族馆成立之初的标本室

青岛水族馆

秉着"取法乎上"的原则，青岛水族馆在建设之时便立下高标准，建成时有3间标本室、18个活动海水玻璃展览鱼池、2个露天鱼池及相应的研究室、陈列室、储水塔等。在那个技术不甚发达的年代，青岛水族馆的饲养设备和水平实属亚洲一流。

在最开始的建设计划中与青岛水族馆一同提出的，还有配套的科研机构——青岛海滨生物研究所。在各方因素的影响下，青岛海滨生物研究所于1937年建成。其建筑采用重檐歇山顶宫殿样式，与青岛水族馆建筑交相辉映。两座建筑轻偎低傍，也成就了科学研究与科学普及相互融合的典范。

青岛海滨生物研究所

1950年，青岛水族馆与山东产业馆合并，成立了青岛人民博物馆，而后在1955年更名为青岛海产博物馆。青岛海产博物馆调整了展览格局：原青岛水族馆用于活体生物展示，而原青岛海滨生物研究所用于标本展出。与此同时，青岛海产博物馆引进了当时山东大学的水族馆保温技术与设备，摆脱了因技术受限只能"半年开馆，半年闭馆"的困境，迈上了全年开放的新台阶。1991年，青岛海产博物馆建成了当时国内首座南极馆，2003年建成了青岛海底世界，2007年建成了梦幻水母宫，2016年完成海洋生物馆改造，2020年完成海豹馆改造……作为中国海洋科学研究和普及的前沿地带，青岛海产博物馆始终秉承创馆之初"启民智"的信念，致力于增强全民海洋意识，提高公众科学素养，打造名副其实的"吾国第一"。

远航："认识海洋从这里开始"

在青岛海产博物馆的入口，写着这样一句话："认识海洋从这里开始……"这是对其办馆宗旨恰如其分的概括。

海洋生物馆从1955年开始对外展出"祖国的海洋环境与水产资源展览"，经不断扩建更新，目前已成为中国首屈一指的海洋生物标本展馆。展厅面积约1200平方米，分为两层：地面一层主要展示各种藻类，以及原生动物、刺胞动物、环节动物、软体动物、节肢动物等无脊椎动物；地下一层则为脊椎动物展示区，陈列着海洋鱼类、爬行动物、鸟类、哺乳动物的标本。海洋生物馆遵循"从简单到复杂，从低等到高等"的生物演化规律，按顺序展示由海洋藻类至大型海洋哺乳动物的标本，共900多种1000余件。漫步展馆，观赏珍罕的龙宫翁戎螺、威风凛凛的北极熊、五彩缤纷的珊瑚礁鱼等等，参观者仿佛置身于海洋世界。展陈设计注重文字资料、视频展示与标本陈列相辅相成，科学性与趣味性相互交融。在这里，参观者可以知道珊瑚礁是如何形成的，领略海洋生物的千姿百态，触碰生命演化的脉络……参观海洋生物馆，既是一次自然美学之旅，又是一次饶有趣味的知识之旅。

海洋生物馆

水母作为海洋中一类古老的生物，在地球上已有约 6.5 亿年的生存历史。水母大多身姿曼妙、晶莹剔透，常被称为"水中仙子"。2007 年，青岛海产博物馆建成了中国大陆首座以水母为主题的展馆——梦幻水母宫。正如其名，梦幻水母宫有着"梦幻"的绚丽与浪漫，也如"宫殿"般雄伟壮丽。梦幻水母宫中的水母形态各异，各具风情，在馆内灯光的照耀下，有的如同海中闪耀的灯塔，有的仿佛静谧花园中悄然绽放的花朵，有的则似海面上一轮皎洁的圆月，有的又像一簇燃烧的烈焰……来自全球各

梦幻水母宫

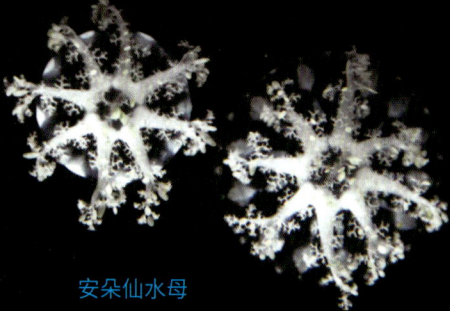

安朵仙水母

地的上千只水母在这座宫殿中争奇斗艳，包括海月水母、金黄水母、花笠水母、安朵仙水母、桃花水母等。水母幼体往往与成体有较大的形态差异，梦幻水母宫通过显微放大和实时信号传输等先进技术手段，将水母生活史各阶段的形态特征直观地呈现在参观者面前。大屏幕中的水母碟状体一张一缩，如同夜空中闪耀的星星，充满动感与生命力。参观者在这样的互动中足以感受到生命的奇妙与海洋生物的多姿。

水母的人工繁殖一直是水族饲养的一大技术瓶颈。为了保证梦幻水母宫的持续运行，青岛海产博物馆还设立了专门的水母繁殖实验室和综合性实验室，对水母的生长特点进行深入研究，以科学研究服务饲养技术的发展。同时，为了更好地开发和利用资源，青岛海产博物馆还在青岛沿岸开展水母采集工作，以补充馆内的水母展示数量，并进行科学研究以实现水母自主繁育。

海豹馆的历史可追溯至 1966 年竣工并对外开放的露天海豹池。1989 年，中国南极科考人员胜利归来。为宣传中国南极科考事业的丰硕成果，露天海豹池于 1991 年改建成当时中国第一座南极馆，并迎来第一批南极动物——南极企鹅和南象海豹。南极馆通过不

海豹馆

断更新展示内容，形成了现在以饲养、繁育斑海豹为主要内容的海豹馆，还承担着水生野生保护动物救助工作。进入这个海洋王国，参观者可以与海洋动物亲密互动，体会海洋动物带来的愉悦。目前，海豹馆已成为一座集展示、救护、保育和科普一体的专业海豹展馆，对珍稀海洋动物繁育工作具有重要的示范意义。

要问海洋中最大的生物是什么，答案自然是——鲸。鲸是一类起源于陆地祖先的海洋哺乳动物。海洋世界里必然缺少不了鲸，在包罗万象的青岛海产博物馆中就有中国大陆首座专业的鲸类标本展馆——鲸馆。鲸馆创建于2010年，于2016年重新布局和改造。目前馆内有抹香鲸、伪虎鲸、印度洋瓶鼻海豚、来自白令海的一角鲸等大小不一、形态各异的鲸类动物标本10余种。在馆内最长的展窗内，瘤齿喙鲸、瓜头鲸、虎鲸、小抹香鲸、中华白海豚、瓶鼻海豚等排列在蓝色背景下，犹如在海底巡游，浩浩荡荡，颇为壮观。馆内布设大量的展板，通过文字、图表、影音资料等

鲸馆

形式，声像并茂地向参观者介绍鲸家族成员的种类、生物学特征及其所面临的生存危机。鲸是海洋世界里自由、勇往直前的象征。在惊叹于鲸的生生不息之余，参观者也会为鲸日益严峻的生存处境而担忧，从而增强保护动物和生态环境的意识。

淡水生物馆始建于1995年，以展示淡水生物为主。从建馆之初的"四大家鱼"、中华绒螯蟹等中国传统经济种类，到现在涵盖水生植物、热带观赏鱼、淡水哺乳动物等丰富多彩的淡水生物，展品种类不一而足。淡水生物馆分为两层，一层主要展示淡水植物、鱼类和亚洲小爪水獭，二层则为两栖动物和爬行动物展厅，共展示淡水生物40余种。在淡水生物馆，参观者可近距离观察国家级重点保护动物扬子鳄、中国大鲵、胭脂鱼，以及来自亚马孙河流域的巨骨舌鱼、盘丽鱼。

淡水生物馆

为实现海洋科普与海洋旅游的良好结合，青岛海产博物馆勇于开拓新的展出模式。2003年，青岛海底世界应运而生。青岛海底世界展厅设有潮间带、海底隧道、内外圆、表演大厅、船舱通道等展厅，引入先进的荧光壁画技术，让海洋的深邃浪漫、宇宙的梦幻绚烂显现于参观者的视野之中。

青岛海底世界内建有一段长86.2米的海底隧道。隧道两侧和顶部由亚克力玻璃包裹，地面的一部分是自动步行梯，参观者可以站在步行梯上参观。鱼类如飞鸟自由翱翔上空，"皆若空游无所依"。内外圆展区主要为五彩缤纷的珊瑚礁造景，色彩鲜艳的海葵随波轻舞，漂亮的热带珊瑚礁鱼穿梭其间。内圆展区

青岛海底世界内圆展区

主体为贯穿海底世界 3 层展区的圆柱展缸。这个巨大的珊瑚礁生物群单体圆柱展缸，充分运用现代高科技手段，配以逼真的仿生岩造景，将神秘莫测、绚丽无比的珊瑚礁世界还原在参观者面前。外圆珊瑚生态展区与内圆展区交相辉映，参观者可以在此欣赏美丽大方的蝴蝶鱼、雍容华贵的神仙鱼、俏皮可爱的小丑鱼、外形奇特的刺尾鱼……青岛海底世界历年来表演过"人鲨共舞""美人鱼表演""海底芭蕾""海底春晚""海底奥运会""海底特技""悟空闹海底"等项目，还有"海底探险""海底婚礼"等独创的旅游体验项目，吸引了来自世界各地的大量游客到此参观体验。

"认识海洋从这里开始……"青岛海产博物馆作为目前全国唯一的综合类海洋生物展馆，一直致力于传播海洋知识，构筑蓝色文明，激发广大青少年对海洋科学的好奇心、想象力、探求欲，是重要的海洋科普教育阵地。

图书在版编目（CIP）数据

中国海洋博物馆 / 齐继光，纪丽真主编. — 青岛：
中国海洋大学出版社，2022.11
ISBN 978-7-5670-3338-2

Ⅰ．①中⋯ Ⅱ．①齐⋯ ②纪⋯ Ⅲ．①海洋－博物馆
－介绍－中国 Ⅳ．①G268.9

中国版本图书馆CIP数据核字(2022)第223555号

中国海洋博物馆　ZHONGGUO HAIYANG BOWUGUAN

出版发行	中国海洋大学出版社有限公司	**网　　址**	http://pub.ouc.edu.cn
社　　址	青岛市香港东路23号	**订购电话**	0532-82032573（传真）
出 版 人	刘文菁	**邮政编码**	266071
责任编辑	姜佳君	**电子信箱**	j.jiajun@outlook.com
装帧设计	王谦妮　闫晓静　胡成钢	**电　　话**	0532-85901040
印　　制	青岛海蓝印刷有限责任公司	**成品尺寸**	185 mm × 225 mm
版　　次	2022年11月第1版	**印　　张**	10.25
印　　次	2022年11月第1次印刷	**印　　数**	1—4000
字　　数	160千	**定　　价**	59.00元

发现印装质量问题，请致电0532-88785354，由印刷厂负责调换。